O bispo Carlos Damasceno é um líder inspirador e multigeracional. Sua vida, família, discernimentos, percepções, foco no Eterno e nas pessoas têm causado grande impacto não apenas em nossa cidade, mas um impacto global. Tudo faz com alegria, criatividade, generosidade, honrando e servindo a todos de bom coração. Em seu livro *Revolução dos improváveis*, o impulso é exponencial para todos quanto querem avançar para novos níveis pessoais, familiares, profissionais e ministeriais, e, acima de tudo, na intimidade com o Cristo vivo. Continue, santo homem, sua assinatura dada pelo próprio Senhor, e ele fortalecerá você para transformar gerações e nações.

— **JEREMIAS PEREIRA**,
pastor titular da Oitava Presbiteriana de Belo Horizonte/MG.

"Não importa quem rejeita, você. O importante é quem o escolhe!" Essa é uma das chaves de entendimento que o pastor Carlos Damasceno nos brinda em seu livro inspirador. O propósito desta obra se confunde com sua vida pastoral: ânimo e conforto aos que buscam a Deus em meio a tribulações. "Há poder no pequeno!". Forte e preciso! Uma honra estar aqui!

— **GUILHERME SCHELB**,
procurador regional da República/DF.

Revolução dos improváveis é um livro que todos precisam ler! Utilizando princípios extraídos da vida de Davi, meu amigo Carlos Damasceno nos traz um conteúdo bíblico e consistente para aplicarmos em nossas vidas. Uma coisa é certa: NINGUÉM terminará de ler essa obra poderosa sem ter a certeza de que pode vencer em toda e qualquer situação! Leia e seja um vencedor!

— **LUCINHO BARRETO**,
pastor na Igreja Batista da Lagoinha.

Ler suas obras é como ouvi-lo de perto, e em *Revolução dos improváveis* não é diferente. Carlos Damasceno consegue, mais uma vez, ensinar princípios que levarão você viver a vida que merece.

— **MÁRCIO MICHELLI**,
coach, especialista em inteligência emocional e comportamento humano.

É muito bom quando lemos um livro cujo autor não escreve apenas uma teoria como o resultado das pesquisas que fez, mas deixa o coração expressar em forma de palavras as lições que suas experiências geraram no curso do seu andar com Deus entre os homens. Carlos Damasceno é um autor que foi talhado por Deus para dar direções e ferramentas àqueles que têm uma santa obstinação de nunca parar de crescer, evoluir, avançar e vencer em todas as áreas da vida. Esse é um livro que provocará transformação em todos que navegarem por suas páginas. Eu recomendo *Revolução dos improváveis*, leia e compartilhe!

— **JOSUÉ GONÇALVES,**
presidente do ministério Amo Família.

O paradigma central da identidade é o que Deus pensa de nós. Além disso, todas as pessoas precisam de referenciais e modelos que estabelecem a direção da verdade. E, assim, chega o momento que precisamos aprender a sermos nós mesmos para, então, desempenharmos o nosso propósito. É nessa importante lacuna que o meu amigo Carlos Damasceno entra com este precioso conteúdo. Mergulhe nesta leitura que certamente será de enorme inspiração e instrução.

— **MARCOS DE SOUZA BORGES "COTY",**
pastor e escritor.

É muito interessante perceber como Deus aproxima pessoas que rapidamente se tornam grandes amigos. Logo no meu primeiro contato com o meu amigo bispo Carlos Damasceno, pude perceber sua determinação, excelência e criatividade com as coisas do Reino. Não tenho dúvidas que ele é uma das vozes que Deus tem levantado nessa geração. Certamente, neste livro você aprenderá princípios que poderão ser aplicados em todas as áreas de sua vida. Prepare-se para ser transformado.

— **FELIPE PARENTE,**
supervisor regional das igrejas Bola de Neve do Estado do Paraná.

Acredito que o tema para um bom livro parte de algo que vivenciamos, pois falar de teorias pode até impressionar quem lê, mas transformar experiências em princípios tem o poder de mudar vidas. *Revolução dos improváveis* é um daqueles livros apaixonantes em que encontramos chaves poderosas extraídas da palavra de Deus e, muito mais que isso, ensinamentos que nos esticam e nos levam a refletir que podemos viver algo mais, algo ainda não acessado, mas que está disponível, basta você acreditar. Meu conselho para você é: leia-o com uma convicção em seu coração! Deus está procurando pessoas improváveis para usar e projetar; aqueles que estão por trás das malhadas, muitas vezes esquecidos e rejeitados, mas que não pararam de acreditar que poderiam ser e fazer aquilo para que foram projetados. Assim como Davi, assim como Carlos Damasceno, você também pode vencer sem ser o favorito.

— **PAULO ORTÊNCIO FILHO,**
bispo da Igreja da Família, Recife/PE.

Carlos Damasceno tem o dom de levantar e empoderar pessoas com sua liderança inspiradora, sábia, franca e carismática. Neste livro, de forma única, ele levará você a uma jornada de transformação de mente, para sair da estagnação, vencer seus gigantes e avançar para seu destino. Sem dúvida você irá se surpreender com tantas chaves e princípios para a vitória.

— **CHRIS LEÃO,**
pastor executivo da Power Church, Belo Horizonte/MG.

Meu mentor, Carlos Damasceno, é especialista em descobrir o tesouro que há dentro de cada pessoa. Uma obra inspiradora, que revela todos os recursos que um improvável precisa para viver seu verdadeiro chamado em Deus.

— **CARLOS CÉSAR,**
campeão da Libertadores pelo Clube Atlético Mineiro.

Carlos Damasceno, em *Revolução dos improváveis*, externou algo que nasceu em seu coração. Muitas vezes caminhamos buscando ser o favorito das pessoas e situações, mas a grande verdade é que isso não poderá ser a mola propulsora que impulsionará nossa jornada. Nesta leitura você será levado a perceber e entender que sua vida improvável é tudo o que Deus precisa para torná-lo relevante, com um legado que se perpetuará por gerações. Para isso, você será desafiado a ser você mesmo e a buscar sua verdadeira identidade de vencedor.

— **JUNIOR ROSTIROLA,**
pastor sênior da Igreja Reviver, Itajaí/SC.

Desde que me conectei com Carlos Damasceno pude experimentar um pouco daquilo que ele derrama diariamente sobre a igreja que lidera: intensidade, intencionalidade e impulsionamento. Sem dúvida, ele é um acelerador de pessoas e ecossistemas. Se você deseja dar o próximo salto, viver de fato uma nova estação, leia o livro *Revolução dos improváveis*. São tantas chaves, que você receberá uma caixa inteira de ferramentas para sua vida pessoal, ministerial e profissional.

— **THIAGO CARNEIRO,**
pastor da Comunidade das Nações – Alphaville/SP.

Esta leitura pode mudar sua vida para sempre. Carlos Damasceno tem se mostrado um gigante no que diz respeito à aplicação de princípios de empreendedorismo e *business*. Vejo isso em sua vida não apenas na experiência empresarial de sucesso, mas também ministerial na Power Church, igreja em que é bispo fundador. Recentemente estive nessa igreja, e o que vi e senti foi algo extraordinário, fruto de um líder que sem dúvidas ora e busca a direção de Deus, mas que também aplica todos os princípios que ensina nesse livro. O resultado é um crescimento exponencial e um aumento da influência fora do comum em tão pouco tempo. Ou seja, o que está prestes a ler não é apenas teoria, mas o resultado do desenvolvimento de um líder de sucesso em sua jornada ascendente. Parabéns, querido amigo, e muito obrigado por compartilhar ensinamentos e experiências tão fortes, já estou colocando em prática!

— **MARCELO TOSCHI,**
pastor sênior da Igreja Amor e Cuidado/SP.

Só existe mudança com liderança! Em outras palavras, se queremos viver algum tipo de mudança pessoal, familiar, profissional e ministerial, convido você a refletir mais, se capacitar mais e liderar mais, para viver tudo que Deus tem para a sua vida. Nesta obra, o bispo Carlos Damasceno revela, com muita simplicidade e clareza, princípios para que você alavanque sua liderança e, portanto, promova as mudanças tão desejadas. Tenho convicção de que você será profundamente abençoado por meio da leitura de *Revolução dos improváveis*.

— **LUCAS GONZALEZ,**
deputado federal por Minas Gerais.

Revolução dos improváveis, de Carlos Damasceno, vai impactar a sua vida. Muitos estão esperando as condições perfeitas para empreender e colocar sonhos em ação, mas o que tenho aprendido com a vida é que nunca estaremos prontos o suficiente, ao menos não na nossa mente. Ao pesquisar pessoas de sucesso, você perceberá que na maioria das vezes são pessoas improváveis que deram certo, com determinação, fé e foco, alcançando lugares que todos duvidariam ser possível. Então, prepare-se para mudar sua mentalidade e conquistar os lugares que já pertence a você. Não existe vácuo no sucesso. Se você não ocupar o seu lugar, alguém ocupará.

— **GERSON COSTA FILHO,**
mestre e pastor há 22 anos.

Li o incrível e precioso manuscrito do bispo Carlos Damasceno, *Revolução dos improváveis*. Que privilégio foi encontrar nestas páginas vida e esperança! Este livro toca na verdade vital de cada ser humano: valorizar quem ele é e utilizar esta poderosa ferramenta para vencer em todas as áreas da vida, aprendendo a viver fora do padrão e alcançando novas habilidades. É uma honra sem precedentes endossar este livro que, sem sombra de dúvidas, ativará a vida de todos que dele se alimentarem. O que falar deste autor? Não há palavras suficientes que consigam expressar a tamanha mente criativa, empática, visionário e de coração generoso. Referência de um novo tempo que está produzindo líderes inovadores. Atento ao fluir de Deus nesta geração. Uma pessoa que ama sua família, é capaz de amar o mundo. Carlos Damasceno é esta pessoa.

— **KARLA DAMASCENO,**
professora de hebraico, especializada em cultura judaica.

Existe uma medida de favor disponível para aquele que acredita! Carlos Damasceno é um dos favorecidos que tem rompido e vencido sem ser, talvez, o favorito de alguns. Sua jornada impacta a vida de muitos e tem sido uma ponte entre pessoas que Deus deseja favorecer. Com certeza a leitura deste livro despertará o seu coração para que, a partir de então, você possa contar com o favor do Altíssimo sobre sua vida!

— **BRUNO BRITO,**
fundador e pastor sênior da Igreja Pura Fé em São Paulo/SP.

Inspirar, desenvolver e enviar pessoas para vencer é a vocação do meu amigo bispo Carlos Damasceno, por isso, este livro não é um esforço literário teórico, mas é o resultado de uma vida dedicada àquilo que Deus mais ama: pessoas. Leia! Ainda que você não se sinta um improvável ou favorito e vença.

— **FABRÍCIO MIGUEL,**
pastor sênior da Comunidade das Nações em Fortaleza/CE.

Carlos Damasceno, de maneira brilhante, responde à pergunta que a grande maioria de nós fazemos: "será que é possível contrariar a lógica e dar a volta por cima, mesmo sem ser a aposta de ninguém?" Sim, é possível! Se tivermos alinhados mentalmente e emocionalmente, venceremos os desafios que estão por vir na nossa jornada. Aprenderemos neste livro a importância de se posicionar da maneira correta para tornar possível aquilo que é impossível nas nossas vidas.

— **PR. JÚLIO CÉSAR,**
escritor e palestrante.

Bispo Carlos Damasceno tem se destacado em nossa nação com sua liderança, visão empreendedora e impacto social! A capacidade de inovação associado à disrupção na forma de interagir com a sociedade fazem dele um líder talentoso e atual. Tenho certeza de que, ao ler este livro, você será impactado com seus princípios. Boa leitura!

— **SANDRO GONZALEZ,**
empresário eleito como um dos melhores CEO's do Brasil pela Revista Forbes.

Você se sente na maioria do tempo desencaixado na vida? Sentimentos não positivos assaltam sua mente e seu coração? Parece ser esquecido e rejeitado o tempo todo? A visão de si mesmo é pequena e sem grande valor? Então você acaba de encontrar uma ferramenta nas páginas deste livro do meu amigo, bispo Carlos Damasceno, que levará você a uma total desconstrução e reconstrução daquilo que vai pavimentar um novo caminho viver o extraordinário. Seus melhores dias estão chegando, só depende de você!

— **DVALDO NÓBREGA E ANA NÓBREGA,**
pastores e musicistas.

Ser o improvável é o grande desafio da maioria de nós. Ter que começar uma corrida largando depois e almejando chegar em primeiro lugar é a dura realidade de muitos. Eu não tenho a menor dúvida de que Deus permite que homens passem por tais experiências para ensinarem e conduzirem outros ao seu destino vitorioso. Deus iluminou graciosamente o meu querido amigo bispo Carlos Damasceno nesta aventura fantástica e empolgante que é o livro *Revolução dos improváveis*. Senhoras e senhores, apertem os cintos e vamos decolar! Nos vemos no pódio!

— LUIZ ARCANJO,
fundador do ministério Trazendo a Arca e da Sobre as Águas Church.

Tive o privilégio de ver esse livro ser construído na mente e no coração do meu marido Carlos. Este é um livro que todas as pessoas precisam de ler, porque em algum momento de nossas vidas não fomos o favorito. O interessante é descobrir o que você fez com essa afirmação? Quais foram suas ações e reações diante do não favoritismo? Ao ler este livro você será alcançado com novos conceitos que irão mudar, transformar e ajustar o seu coração nessa perspectiva, levando-o a uma nova fase de ousadia e governo. Então, a vitória virá! Nesta obra você encontrará ferramentas que o ajudarão a vencer mesmo ser o favorito.

— DANICOLLY DAMASCENO,
bispa da Power Church.

Em *Revolução dos improváveis*, o autor nos mostra, por meio da inspiração de Davi, seu próprio coração. Nesta obra você verá princípios claros sobre a lógica do Reino, que vai na contramão da cultura desse tempo. Os discípulos de Jesus são os mais improváveis possíveis. Este livro trará confronto e inspiração àqueles que desejam ter uma vida marcada por Cristo.

— DANILO SECON,
reitor do Seminário Teológico Batista Mineiro.

Poucas pessoas possuem o dom maravilhoso de extrair de uma história princípios tão maravilhosos como bispo Carlos Damasceno. Eu já havia lido tantas vezes sobre Davi, mas *Revolução dos improváveis*, do jeito que foi escrito, é o melhor livro que já li sobre improváveis que venceram o preconceito e o anonimato.

— OSEIAS S. SANTOS,
pastor sênior da AD Vales.

CARLOS DAMASCENO

PREFÁCIO POR JB CARVALHO

REVOLUÇÃO DOS IMPROVÁVEIS

VENÇA SEM SER FAVORITO

Editora Vida
Rua Conde de Sarzedas, 246 – Liberdade
CEP 01512-070 – São Paulo, SP
Tel.: 0 xx 11 2618 7000
atendimento@editoravida.com.br
www.editoravida.com.br

Editor responsável: Gisele Romão da Cruz
Editor-assistente: Aline Lisboa M. Canuto
Preparação de textos: Sônia Freire Lula Almeida
Revisão de provas: Lettera Editorial
Diagramação: Claudia Fatel Lino e Marcelo Alves
Capa: Hugoléo Design

© 2022, Carlos Damasceno

■

Todos os direitos desta obra reservados por Editora Vida.

Proibida a reprodução por quaisquer meios, salvo em breves citações, com indicação da fonte.
Todos os grifos são do autor.

■

Scripture quotations taken from Bíblia Sagrada, Nova Versão Internacional, NVI ®.
Copyright © 1993, 2000, 2011 Biblica Inc.
Used by permission.
All rights reserved worldwide.
Edição publicada por Editora Vida, salvo indicação em contrário.

Todas as citações bíblicas e de terceiros foram adaptadas segundo o Acordo Ortográfico da Língua Portuguesa, assinado em 1990, em vigor desde janeiro de 2009.

1. edição: out. 2022

Dados Internacionais de Catalogação na Publicação (CIP)
(Câmara Brasileira do Livro, SP, Brasil)

Damasceno, Carlos
    Revolução dos improváveis : vença sem ser favorito / Carlos Damasceno.
-- São Paulo : Editora Vida, 2022.

    ISBN: 978-65-5584-324-8
    e-ISBN: 978-65-5584-325-5

    1. Deus (Cristianismo) - Adoração e amor 2. Fé (Cristianismo) 3. Mudança de atitude 4. Sucesso 5. Vida cristã I. Título.

22-123433   CDD-248

Índices para catálogo sistemático:
1. Sucesso : Aspectos religiosos : Cristianismo 248
Eliete Marques da Silva - Bibliotecária - CRB-8/9380

Dedico este livro a todos
os improváveis que superaram
o não favoritismo e venceram na vida.

Agradeço ao meu redentor, Jesus Cristo, aquele que acreditou em doze improváveis que mudaram a história.

À Dany, amor da minha vida e minha grande parceira de jornada.

À minha filha Mel. Sua vinda me abriu o olhar para um mundo que não existia em meu coração.

À Neli, minha querida mãe, que sempre acreditou neste improvável. Fica aqui o meu carinho também ao "paizão", José Wilson.

À minha sogra, Malvina, mulher de Deus que sempre foi uma incentivadora.

Aos meus lindos cunhados, filhos e parceiros, Rafão e Nathalia.

Aos meus preciosos filhos, Chris e Thais. A fidelidade de vocês é impactante.

Ao meu mentor e bispo JB Carvalho, pela disrupção em minha vida.

A todos os amigos do coração, filhos espirituais e pessoas que influenciaram para me tornar quem sou!

Ao meu time de pastores, coordenadores e voluntários que me auxiliam no ministério.

À minha família Power Church, que alegra o meu coração e me faz sentir o líder mais amado do planeta.

A todos os meus leitores e seguidores, a minha gratidão!

SUMÁRIO

Prefácio — JB CARVALHO **15**

Apresentação — HERNANDES DIAS LOPES **17**

Introdução **19**

CRIE A SUA ASSINATURA *23*
Vença o anonimato

IMPORTE-SE MENOS *33*
Vença a rejeição

UM GIGANTE PARA DERRUBAR *47*
Vença a ofensa

APRENDA NOVAS HABILIDADES *59*
Vença a acomodação

EXISTE VALOR EM SER PEQUENO *75*
Vença a megalomania

UMA CHANCE APENAS *87*
Vença o "multifoco"

ABANDONE AS DESCULPAS *103*
Vença o status quo

VIVA FORA DO PADRÃO *115*
Vença o modus operandi

OUVIDOS FECHADOS 123
Vença a bajulação

O BONITO É SER VOCÊ 133
Vença a falta de identidade

Conclusão 141

PREFÁCIO

Davi fez o que ninguém tinha imaginado! Recrutou quem ninguém queria e os tornou a elite política e militar de seus dias. Ele criou um precedente que se repetiu ao longo da história.

O filho de Davi, o Messias, Jesus Cristo, também escolheu os menos prováveis em seus dias para sua agenda de transformação deste mundo em um novo mundo. Cobradores de impostos, pescadores, homens anônimos e desconhecidos dos grandes centros urbanos de Israel, que não tinham grandes posses, nem muitos dons e que se tornaram apóstolos, cujos nomes damos aos nossos filhos: João, Tiago, Pedro... Eles não eram favoritos, mas mostraram ao mundo o que Deus pode fazer com aqueles que dizem sim ao seu chamado. Embora limitados e cheios de falhas, esses homens colocaram o mundo de cabeça para cima. Eles foram chamados de "aqueles que têm transformado o mundo".

Posteriormente surge mais alguém que ninguém apostaria a favor. Paulo, o fariseu perseguidor, se tornou o grande promotor da fé. Esse apóstolo, nascido fora do tempo, disse que Deus escolheu as coisas loucas para envergonhar as sábias e o que nada é, para reduzir a nada o que é.

Deus continua apostando em gente assim: difícil, incerta, duvidosa.

Ele usa gente imperfeita porque não tem outro tipo de gente para usar. Ele toma pessoas problemáticas e as transforma em solucionadores de problemas que ninguém poderia resolver.

A história de Davi e seus homens, que foram marginalizados da sociedade e se tornaram os grandes guerreiros e líderes de Israel, é um padrão o qual Deus tem usado ao longo de milênios; pois, embora menosprezados ou subestimados pelos homens, são a solução divina para realizar seus feitos aqui na terra.

Recomendo a você que leia este livro em atitude de oração, porque creio que você está emergindo de dentro de si mesmo para mostrar o que Deus continua fazendo com aqueles que atendem seu chamado.

Tudo aquilo que Carlos Damasceno tem feito é repleto de esmero e excelência. E ao discorrer sobre a jornada épica de Davi como um rei improvável e seu exército de homens improváveis, Carlos se superou.

Revolução dos improváveis é uma convocação, uma trombeta chamando todos que se consideram incapazes ou inadequados, gente que de alguma forma se frustrou e não acredita mais no que acreditou um dia.

Deus conhece o que colocou dentro de você e deseja mostrar isso ao mundo.

Nesta nova temporada, ele aposta em você. Portanto, aperte seus cintos e corra rapidamente para a esperança proposta a você. Esqueça o que ficou para trás e siga rumo ao prêmio da soberana vocação de Deus em Cristo Jesus.

JB Carvalho,
Teólogo, professor universitário, compositor, jornalista,
escritor best-seller e bispo da Comunidade das Nações.

APRESENTAÇÃO

Revolução dos improváveis não é mais um livro biográfico sobre Davi, mas é uma chave que pode abrir as portas de um novo futuro para você. O livro é fascinante. Seu conteúdo é impactante. Li-o numa única sentada.

Princípios poderosos que podem mudar sua vida e realinhar suas prioridades estão registrados em cada capítulo deste livro primoroso. O autor, ao presentear-nos com esta obra, revela ser não um alfaiate do efêmero, mas um escultor do Eterno. Portanto, recebi com alegria o convite para apresentar este livro. Minha alegria decorre de alguns fatores que passo a elencar.

Primeiro, Carlos Damasceno é um homem de Deus, um líder exponencial, um pregador ungido, um servo do Altíssimo. Sua vida recomenda a sua obra. Seu testemunho é avalista de suas palavras.

Segundo, Carlos Damasceno, nesta primorosa obra, com a precisão de um cirurgião plástico, detalha com clareza translúcida os princípios que podem fazer um improvável ser um vencedor, e extrai da vida de Davi dez lições que, se colocadas em prática, podem mudar a nossa história.

Terceiro, Carlos Damasceno não apenas faz uma análise acurada dos textos bíblicos relativos a Davi, mas também traz à lume exemplos contemporâneos, fazendo, assim, uma aplicação eloquente dos princípios ensinados.

Quarto, Carlos Damasceno nos toma pela mão e caminha conosco pelos outeiros e vales da vida, ensinando-nos verdades eternas e dicas práticas acerca da vida vitoriosa que podemos desfrutar enquanto caminhamos rumo à glória.

Sabendo que a leitura deste livro vai trazer luz para sua mente e encorajamento para o seu coração, desejo-lhe sucesso nessa empreitada!

Hernandes Dias Lopes

Doutor em ministério no Reformed Theological Seminary (EUA), bacharel em teologia no Seminário Presbiteriano do Sul em Campinas, membro da Academia Evangélica de Letras do Brasil, diretor executivo da Luz para o Caminho e pastor colaborador da Igreja Presbiteriana de Pinheiros em São Paulo.

INTRODUÇÃO

Quando o tema *Revolução dos improváveis: vença sem ser favorito* nasceu no meu coração, senti a forte convicção de que estava prestes a acontecer um desbloqueio. Existe algo que deseja vir à tona, que está à espera de que você dê o primeiro passo. Talvez um pensamento ronde a sua mente: "Como dar o primeiro passo se não me sinto capaz nem preparado para tal situação? Como avançar para aquilo que é grande se não sou o favorito? Como acreditar que posso se nunca venci nada na vida?".

Por isso, o uso da palavra "improváveis" no título é certeiro, pois significa algo que não pode acontecer, e isso acarretará a mudança radical que você fará na sua história.

Certa vez, ouvi de um empreendedor que possui negócios em mais de cem países a seguinte frase: "As coisas na sua vida só mudarão quando uma revolta acontecer".

Se você acreditar nessa frase, hoje é o *start* para que isso se torne realidade, pois este livro é a fagulha que incendiará a sua vida para uma revolta contra uma vida medíocre e sem propósito. Cada capítulo deste livro é como o degrau de uma escada que o levará ao seu destino se você sistematicamente prosseguir nessa subida vitoriosa.

Por que são necessários degraus? E uma escada? Não posso subir de elevador?

A resposta é simples: Não há como vencer parado!

Ao subir uma escada, você estimula a musculatura, o sistema cardiorrespiratório, e se condiciona a novos níveis de desafio. Se subir em um elevador, embora chegue mais rápido e menos cansado, você estará refém do comodismo. Como você deve ter percebido, na vida real as pessoas que vencem sempre estão se movendo!

DEUS SE MOVE COM QUEM SE MOVE! Pense nessa frase.

Este livro não pertence às pessoas que assistem, no conforto do sofá, à vida acontecer. Este livro foi escrito para os que possuem dores e desconfortos que foram gerados na jornada de uma vida desafiadora.

Revolução dos improváveis é dedicado àqueles que nunca foram escolhidos em primeiro lugar para os times esportivos da escola; para aqueles que, quando estavam em uma roda de amigos, seu nome nunca era lembrado; para aqueles que não foram privilegiados com dons ou com habilidades perceptíveis.

Este livro foi escrito para aqueles que não possuem nenhuma estrada pronta e segura construída pelo legado de um familiar ou de uma pessoa próxima, mas que decidiram avançar mesmo chorando, em vez de estacionarem no conformismo de sua condição inicial.

Revolução dos improváveis: vença sem ser favorito é a ação daqueles que querem desbravar uma floresta densa para gerar um caminho novo e que não se furtarão da missão de construir algo grande que continue além de sua própria existência.

INTRODUÇÃO

Neste livro, explorarei a vida do hebreu Davi, um improvável que venceu sem ser o favorito, capturando ensinamentos que constituirão as chaves das quais precisamos para a nossa revolução.

Davi foi um guerreiro que se tornou rei do povo de Israel e o governou por quarenta anos, mas precisamos nos lembrar de que ele era o oitavo filho de Jessé. Quando o profeta Samuel chegou a sua casa, obedecendo à ordem de Deus para ungir o novo rei dos judeus, Davi nem sequer foi apresentado como seus irmãos. Ele não era o favorito! Até seu próprio pai sabia!

É aí que está a nossa sorte, pois a história de Davi é o fio de esperança para aqueles que são desprezados pelos homens, mas são celebrados por Deus.

Estou empolgado para compartilhar com você tudo que aprendi durante anos de estudos sobre esse poderoso improvável.

A revolução está prestes a começar. Nos dez capítulos seguintes, obteremos instrução, força e sabedoria que nos levarão a vencer mesmo que não sejamos os favoritos.

Capítulo 1

CRIE A SUA ASSINATURA

Vença o anonimato

É no anonimato que a vida real acontece.

Anônimo

A maioria das pessoas no mundo é anônima do grande público. Mesmo tendo um nome próprio, isso demonstra que nos locais do anonimato é que a nossa vida será construída e desenvolvida. Mesmo que as redes sociais nos deem certa publicidade, em tese seremos conhecidos apenas por um pequeno grupo de pessoas.

> A palavra "anônimo" é a definição para alguém sem nome ou sem assinatura.

A palavra "anônimo" é a definição para alguém sem nome ou sem assinatura. Anônimo é alguém cujo nome ninguém conhece; é alguém que, ao ouvir "psiu", olha procurando com expectativa para ver se foi reconhecido por outra pessoa.

> **NOS LOCAIS DO ANONIMATO É QUE A NOSSA VIDA SERÁ CONSTRUÍDA E DESENVOLVIDA.**
>
> CARLOS DAMASCENO

CRIE A SUA ASSINATURA

Quando descobri que uma das definições de "anônimo" é alguém sem assinatura, percebi imediatamente que há inúmeros famosos que, na verdade, são anônimos, pois, embora muitos os vejam, ninguém os conhece. Eles não possuem uma marca, uma assinatura!

Em um mundo hedonista no qual o que vale é a aparência e a beleza estética, com certeza a construção real da sua assinatura, que é feita no anonimato, acaba sendo desprezada.

Leia o texto a seguir com atenção.

> O SENHOR disse a Samuel: "Até quando você irá se entristecer por causa de Saul? Eu o rejeitei como rei de Israel. Encha um chifre com óleo e vá a Belém; eu o enviarei a Jessé. Escolhi um de seus filhos para fazê-lo rei". (1Samuel 16.1)

Pense que coisa maravilhosa seria se Deus enviasse à sua cidade um profeta que fosse ao seu encontro, pois um de seus filhos fora escolhido como o novo rei da nação. Obviamente, se fosse pai de muitos filhos, eu os apresentaria ao profeta. Todos os meus filhos seriam apresentados. Todos!

Continue a leitura do texto:

> Samuel fez o que o SENHOR disse. Quando chegou a Belém, as autoridades da cidade foram encontrar-se com ele, tremendo de medo, e perguntaram: "Vens em paz?" Respondeu Samuel: "Sim, venho em paz; vim sacrificar ao SENHOR. Consagrem-se e venham ao sacrifício comigo". Então ele consagrou Jessé e os filhos

REVOLUÇÃO DOS IMPROVÁVEIS

dele e os convidou para o sacrifício. Quando chegaram, Samuel viu Eliabe e pensou: "Com certeza é este que o SENHOR quer ungir". O SENHOR, contudo, disse a Samuel: "Não considere sua aparência nem sua altura, pois eu o rejeitei. O SENHOR não vê como o homem: o homem vê a aparência, mas o SENHOR vê o coração". Então Jessé chamou Abinadabe e o levou a Samuel. Ele, porém, disse: "O SENHOR também não escolheu este". Em seguida Jessé levou Samá a Samuel, mas este disse: "Também não foi este que o SENHOR escolheu". Jessé levou a Samuel sete de seus filhos, mas Samuel lhe disse: "O SENHOR não escolheu nenhum destes". Então perguntou a Jessé: "Estes são todos os filhos que você tem?" Jessé respondeu: "Ainda tenho o caçula, mas ele está cuidando das ovelhas". Samuel disse: "Traga-o aqui; não nos sentaremos para comer enquanto ele não chegar". (v. 4-11)

Enquanto isso, o profeta Samuel, que claramente já tinha um parâmetro de como deveria ser o rei da nação — basta lembrar-nos de Saul, então rei que fora ungido por ele —, se aproxima do filho primogênito de Jessé, que era bonito e com uma altura "real". Fica claro aqui que os profetas podem ser enganados pela aparência. Deus, porém, faz um alerta e informa que ele procura pessoas com um coração que esteja alinhado ao seu.

Você percebeu algo estranho no texto bíblico?

Repare que em determinada parte do texto está escrito que Samuel consagrou Jessé e os filhos dele e os

CRIE A SUA ASSINATURA

convidou para o sacrifício. Jessé aparentemente levou todos os seus filhos, mas todos foram rejeitados por Deus.

Esse fato deixa o profeta com uma crise, mas ele sabe que Deus não mente; então, questiona Jessé: "Estes são todos os filhos que você tem?", ao que o pai responde: "Ainda tenho o caçula, mas ele está cuidando das ovelhas".

Há aqui dois fatores que trataremos neste livro: *anonimato*, que abordaremos agora, e *rejeição*, que trataremos no capítulo seguinte.

Vimos no início do capítulo que o significado de anonimato é sem nome ou sem assinatura. Além de não ter chamado Davi para a consagração ao sacrifício, percebemos que seu pai nem o chama pelo nome, usando apenas a palavra "caçula", indicando que se tratava do filho mais novo.

Quantas vezes não fomos chamados pelo nome, fomos desqualificados por sermos os mais novos ou desprezados por alguém que amamos? Inúmeras!

No entanto, por mais que não sejamos lembrados ou honrados, nem chamados pelo nosso nome, nem assumamos uma posição de destaque, o que importa de verdade é a assinatura deixamos na terra. A grande questão não é ser lembrado; a chave é nunca ser esquecido!

Não havia a menor necessidade de Davi ser o pastor daquelas ovelhas, porque seu pai era um homem de posses, possivelmente um dos líderes da cidade em que moravam. Contudo, Davi não se importava; não se comparava a seus irmãos; não se abatia por não ser lembrado — mas cumpria a missão que lhe era proposta.

- 27 -

> **A GRANDE QUESTÃO NÃO É SER LEMBRADO; A CHAVE É NUNCA SER ESQUECIDO!**
>
> CARLOS DAMASCENO

CRIE A SUA ASSINATURA

Enquanto o pai se esquecia dele e nem o chamava pelo nome, Deus via que um improvável estava se transformando em vencedor no lugar onde ninguém queria estar.

Veja isto:

> Davi, entretanto, disse a Saul: "Teu servo toma conta das ovelhas de seu pai. Quando aparece um leão ou um urso e leva uma ovelha do rebanho, eu vou atrás dele, dou-lhe golpes e livro a ovelha de sua boca. Quando se vira contra mim, eu o pego pela juba e lhe dou golpes até matá-lo. Teu servo pôde matar um leão e um urso; esse filisteu incircunciso será como um deles, pois desafiou os exércitos do Deus vivo. O SENHOR que me livrou das garras do leão e das garras do urso me livrará das mãos desse filisteu". Diante disso Saul disse a Davi: "Vá, e que o SENHOR esteja com você". (1Samuel 17.34-37)

Embora fosse um anônimo, a assinatura de Davi estava tomando forma por meio de suas mãos através das batalhas que ele lutava em seus dias de anonimato. Ele ainda era um adolescente, mas suas habilidades já estavam sendo afiadas. Convenhamos que lutar contra um leão ou com um urso, e vencê-los, faz de você, mesmo que ninguém tenha visto, uma pessoa com relevância; em outras palavras, alguém com uma *assinatura incrível*.

Os tempos de anonimato são vitais para você construir a marca da sua vida.

– 29 –

Conforme estudo divulgado pelo Massachusetts Institute of Technology (MIT), nos Estados Unidos, a melhor idade para começar a aprender um novo idioma é por volta dos 10 anos, podendo se prolongar até os 17 anos.[1] As habilidades esportivas também são descobertas nessa mesma fase. Naturalmente, as pessoas com essa idade estão no anonimato.

Isso demonstra a beleza que devemos perceber nos dias em que não somos conhecidos ou reconhecidos.

Em 2019, estive na capital do Brasil e, no retorno, encontrei um colega de profissão que mora na mesma cidade que eu; no meio da conversa, ele disse: "Rapaz, você veio do nada; surgiu há pouco tempo e já faz o maior sucesso como pastor; além disso, a sua igreja já é relevante no nosso meio".

> **Ele ainda era um adolescente, mas suas habilidades já estavam sendo afiadas.**

Confesso que nesse momento pus em prática o silêncio, a calma e a reflexão, e apenas sorri, dizendo: "Deus é bom!".

No entanto, o fato é que sou pastor nessa cidade há dezesseis anos e liderei milhares de jovens e adolescentes nos meus dias de anonimato, mas uma coisa me alegrava: embora eu fosse um anônimo, construí uma marca de relevância no coração de meninos e meninas que hoje são pais,

---

[1] Disponível em: <https://veja.abril.com.br/saude/novo-estudo-revela-a-idade-ideal-para-aprender-um-novo-idioma/>. Acesso em: 6 mar. 2022.

mães, empreendedores, professores, políticos, doutores. Se hoje possuo alguma distinção, isso se deu pela honra e pela determinação com que agi nos dias de anonimato.

Davi cuidava das ovelhas do pai e matou um urso e um leão quando ninguém o conhecia.

Quais são as lutas que você tem enfrentado?

Você tem aprendido e melhorado como pessoa?

O que você tem aprendido nos dias em que ninguém vê o que você faz de bom?

Seja fiel no pouco e Deus o porá sobre o muito. Mantenha-se firme nos dias de anonimato, pois os dias de honra estão por vir.

O grande trabalho está na fundação e, por trás dos tapumes, isso se faz em dias de anonimato. Dias em que tudo é secreto, dias nos quais ninguém vê o seu esforço ou celebra o que você faz. Em breve, porém, você despontará para o sucesso!

Deus o manteve escondido para certificar se o seu caráter é condizente com o seu chamado!

Deus nos testa no oculto e nos promove em público!

O anonimato não foi falta da alegria de Deus com você, mas a ação dele em você! Não adianta estar sob holofotes se a sua cultura secreta é podre.

Vencer o anonimato é aproveitar os dias nos quais ninguém o vê até que você possa construir a sua verdadeira assinatura. Um improvável precisa saber dessa verdade!

Questões para reflexão

De quem você depende?
O que o faz sentir confiante?
O que Deus diz e pensa sobre você?

Princípios improváveis

1. No anonimato, posso errar sem muita pressão.

2. O anonimato é lugar de proteção, não de desprezo.

3. As minhas habilidades se desenvolvem no anonimato.

4. O homem pode até não me ver, mas Deus me vê.

5. O anonimato testa a minha fidelidade. Se for fiel no pouco, posso ser posto para assumir muito.

6. O anonimato testa o meu caráter. Quem sou quando ninguém está vendo?

7. Valorize os dias de anonimato para poder desfrutar os dias de glória.

Ação improvável

Escolha o tema da sua vida e foque nele!

Capítulo 2

IMPORTE-SE MENOS

Vença a rejeição

Para um "Não te quero",
a melhor resposta é "Nem eu".

Desconhecido

Quem nunca foi rejeitado?

Hoje em dia seria melhor perguntar assim: "Quem nunca foi cancelado?".

A cultura do cancelamento na nossa geração está em alta por causa do uso frenético das redes sociais, o que tem gerado atitudes desenfreadas de manipulação, supervalorização das aparências e disseminação do famigerado politicamente correto, que nada mais é que um pseudorrespeito estético, cuja opinião verdadeira só é dita na intimidade para alguns em acordos sigilosos.

A verdade é que um improvável naturalmente passará por momentos de rejeição e de cancelamento. Isso é parte vital do processo de construção das raízes que levarão você ao sucesso e que o sustentarão nos dias de reconhecimento. Grave isto: Aquilo em que você estiver enraizado determinará os seus frutos.

> ## Um improvável naturalmente passará por momentos de rejeição e de cancelamento.
>
> Carlos Damasceno

Contudo, quando essa rejeição vem de dentro de casa, o estrago pode ser fatal. Mesmo assim, fique firme, pois o que não o matou tem o poder de fortalecê-lo.

Como apontei no capítulo anterior, Davi, o improvável futuro rei, era filho de Jessé e trabalhava no cuidado das ovelhas de seu pai. Ele tinha uma função de gestor no negócio de Jessé, mas fica evidente que, em relação à percepção de futuro e de grandeza, o pai não o via como alguém que pudesse ser relevante para uma consagração.

Acompanhe o texto:

> Respondeu Samuel: "Sim, venho em paz; vim sacrificar ao SENHOR. Consagrem-se e venham ao sacrifício comigo". Então ele consagrou Jessé e os filhos dele e os convidou para o sacrifício. (1Samuel 16.5)

O texto diz que Samuel, o profeta, consagrou Jessé e os filhos deste, mas Davi não estava nessa lista!

Que pai se furtaria de chamar todos os seus filhos para um encontro de consagração com o distinto profeta?

Vendo a vida como ela é e liderando pessoas e empresas há quase vinte anos, percebo que, em muitas situações, queremos dar uma ajuda a Deus em seus planos. Fica evidente que, nesse caso, Jessé, que conhecia a responsabilidade e o poder de um profeta naquele cenário, impediu a apresentação de seu filho mais novo e mais baixo, talvez não tão bonito quanto os outros, para que sua prole mais vistosa fosse privilegiada.

O pai de Davi pode ter feito isso com a melhor das intenções, mas a melhor das intenções não pode esconder a pior das rejeições.

Mesmo assim, confirmo que você não deve se preocupar com a rejeição.

Leia atentamente:

> Então o profeta Samuel perguntou a Jessé: "Estes são todos os filhos que você tem?" Jessé respondeu: "Ainda tenho o caçula, mas ele está cuidando das ovelhas". Samuel disse: "Traga-o aqui; não nos sentaremos para comer enquanto ele não chegar". (1Samuel 16.11)

Viu? Não importa quem rejeita você. O importante é quem o escolhe!

Há coisas e situações paralisadas no mundo esperando que você saia dessa sua dor, da pena de si mesmo, e avance para a sua apresentação de gala. O profeta mandou parar tudo até que o filho camisa 8 aparecesse.

Nada se move até que aquele a quem Deus escolheu esteja na posição certa!

Muitos não sabem, mas existem coisas que estão estagnadas esperando você chegar! Acabei de dizer que existem ideias, negócios, oportunidades, vagas, empresas que não podem ser preenchidas até que você apareça! Você e a chave do sucesso de todo um sistema. Você é a engrenagem que faltava!

A cena permaneceu estática até que Davi chegou. Fico imaginando a cara de assustados dos irmãos, do pai

IMPORTE-SE MENOS

de Davi e do próprio profeta Samuel quando aquele jovem rejeitado e ignorado pelo próprio pai, mas que tinha construído uma história no anonimato, entra em cena. Deus o havia visto.

Certamente, um cheiro forte impregnou o ambiente, e o pensamento geral deveria ser: "O que este profeta está fazendo?".

Davizinho é o menor, o mais novo e o mais fedorento. Ele não pode ser consagrado como nós.

Mas é aí que nos enganamos: Deus pode até nos ungir quando estamos sujos do trabalho, cheios de marcas e dores das lutas que travamos, mas nunca ungirá alguém que usa uma máscara de perfeição e de arrogância.

Você sabia que os maiores casos de sucesso foram chancelados por palavras de rejeição? Sentenças tais como: "Não vai dar certo", "Você não tem talento", "Esse produto não presta". Todas são declarações que precisam ser entendidas como impulso para você avançar.

Saiba que Albert Einstein, um dos maiores nomes da ciência, teve uma jornada dificílima. Aos 4 anos de idade, Albert ainda não era capaz de falar. Seus professores diziam que o rapaz tinha problemas mentais e que jamais seria grande coisa. Durante todo o período na escola, Einstein teve fama de mau aluno e não obteve grandes notas. Depois de se formar, passou dois anos procurando emprego até que finalmente arranjou trabalho em um escritório de patentes onde começou uma jornada que passaria a fazer parte da história. No lugar certo, com as pessoas que conseguiam reconhecer seu talento, começou sua trajetória até

> ## NÃO IMPORTA QUEM REJEITA VOCÊ. O IMPORTANTE É QUEM O ESCOLHE!
>
> CARLOS DAMASCENO

ganhar o Prêmio Nobel de Física em 1921 e influenciou os mais diversos aspectos do mundo moderno desde a ciência e a cultura até mesmo a religião e a arte.

O esportista Michel Jordan, depois de ser cortado do time de basquete em que jogava na escola, se trancou em seu quarto e chorou até pegar no sono. No dia seguinte, Michael começou uma nova rotina de treinos. Todo dia, chegava à quadra meia hora mais cedo e treinava até ser expulso. Meses depois, acabou sendo chamado de volta para o time e nunca mais deixou de ser titular.

Jordan foi campeão seis vezes pela NBA (National Basketball Association) e por seis vezes também foi o jogador mais valioso, o MVP (Most Valuable Player) e bicampeão olímpico, além de conquistar inúmeros prêmios. Hoje é proprietário de uma equipe de basquete na NBA. É considerado por muitos o melhor jogador de basquete de todos os tempos e por outros tantos um dos mais importantes desportistas do sexo masculino da história.

> **Mas é aí que nos enganamos: Deus pode até nos ungir quando estamos sujos do trabalho, cheios de marcas e dores das lutas que travamos, mas nunca ungirá alguém que usa uma máscara de perfeição e de arrogância.**

O produtor cinematográfico Walt Disney foi despedido de um jornal por "falta de imaginação" e por "não ter ideias originais". Aos 21 anos, viu sua primeira empresa ir à falência e teve que sobreviver por meses à base de comida para cachorro. Um de seus primeiros sócios roubou a autoria de uma de seus personagens, o coelho Oswald, o coelho sortudo. Disney resolveu criar outro para estrear uma animação. Foi assim que surgiu Mickey Mouse, que fez de Disney uma lenda, sendo responsável por algumas das mais belas obras da animação, como *Branca de Neve*, *Bambi* e *Dumbo*, e pelo estúdio que hoje está por trás dos filmes da Marvel e *StarWars*.

Imagina ser demitido da empresa que você mesmo criou. Foi o que aconteceu com Steve Jobs. Após o fracasso no desenvolvimento do computador Lisa, Steve foi desligado da Apple. Começar do zero não o desanimou. Ele resolveu se empenhar em novas iniciativas, criando a Pixar — que lançou filmes como *Toy Story* e *Vida de inseto* — e a NeXT, cujo *software* acabou fazendo com que ele finalmente voltasse para a empresa da maçã muitos anos depois. De volta ao comando e com mais experiência, inovou a maneira em que vemos a tecnologia e o entretenimento com o lançamento do iPod, do iPhone e do iPad.

As histórias que acabo de mencionar são de pessoas que foram geradas no anonimato, depois de serem rejeitadas. Quando temos uma raiz de rejeição, percebemos as atitudes das pessoas e as situações de forma distorcida. A dor da rejeição vai além do racional; naquele momento, não conseguimos identificar a verdade e sucumbimos.

Por isso, confronte as palavras de derrota que foram lançadas sobre você com pensamentos repletos das verdades de Deus e dos fatos vitoriosos que você viveu.

Não é porque alguém rejeitou a sua ideia ou a sua opinião que rejeitou você por completo!

Ser rejeitado significa que alguém percebeu o seu sucesso e fará de tudo para que você não o alcance! Uma vez que o seu inimigo sabe qual é a sua dificuldade, ele tentará atacar ali repetidamente.

Muita atenção para você não cometer o principal erro de quem aceita a rejeição, que é o isolamento. Um dos reflexos da rejeição é a vontade de fazer voo solo. Andar sozinho é tolice, como diz o sábio Salomão, filho de Davi.

> **Confronte as palavras de derrota que foram lançadas sobre você com pensamentos repletos das verdades de Deus e dos fatos vitoriosos que você viveu.**

Procure alguém que o apoie e acredite em você! Tentar fazer todos gostarem de você é uma tarefa árdua e impossível.

Desde pequeno, tive uma semente de rejeição plantada em mim. Ser criado pela minha mãe, embora tenha sido incrível, e sou muito grato por isso, foi disfuncional, pois a figura masculina do pai não estava em cena para proporcionar o equilíbrio necessário na formação de uma criança.

> **TENTAR FAZER TODOS GOSTAREM DE VOCÊ É UMA TAREFA ÁRDUA E IMPOSSÍVEL.**
>
> CARLOS DAMASCENO

IMPORTE-SE MENOS

Quero deixar claro que sempre recebi suporte financeiro do meu pai, mas faltava o afetivo. Lembro-me de inúmeras vezes em que me perguntei o porquê da rejeição, da distância e da frieza.

Talvez isso tenha me levando a sempre ter vontade de conhecer o mundo, compartilhar experiências e conectar com gente diferente, pois vejo muito valor nesse tipo de experiência. Certa vez, estava na empresa da nossa família e ouvi que haveria uma viagem aos Estados Unidos. Nessa época, eu tinha entre 14 e 15 anos e vi a possibilidade de realizar um sonho. É claro que não fui convidado para a viagem. Meu pai perguntou o que eu queria que ele trouxesse de presente para mim. Aproveitei e pedi um tênis Reebok colorido, que estava no auge, e um Discman. Isso mesmo um Discman! O iPod ainda não havia sido inventado pela Apple.

Lembro-me de ter deixado bem claro: "Reebok colorido de cano baixo e Discman, ok?". E a resposta foi: "Deixa comigo, gente boa". Confiei!

Quinze dias depois, o dia de pegar os presentes chega e recebo um tênis Reebok branco de cano alto e um Walkman. Imagina a minha decepção! Eu poderia ter ficado grato pelos presentes, mas o que veio à tona a gritos foi o sentimento de rejeição de que eu não era importante o bastante para receber nem um presente especificamente descrito.

O desfecho disso foi um agradecimento falso, feito com verdadeiro ódio, que gerou uma compensação terrível.

REVOLUÇÃO DOS IMPROVÁVEIS

Cheguei a ter 50 tênis, das mais variadas marcas e estilos. Que horror!

Você acredita que fiquei com esse tênis, sem usar, durante quinze anos e que todas as vezes que eu ia aos Estados Unidos me lembrava desse acontecimento e comprava feito louco como afirmação de que nunca mais dependeria de presentes dos outros? Que problema arrumei para mim!

Anos depois, pedi perdão e me reconciliei com o meu pai, libertando-me do peso da mágoa da rejeição.

Surgiam na minha vida pessoas e situações das quais eu não gostava, sempre na mesma proporção em que eu me importava com algo. Existe uma verdade clássica: Você só pode ser desprezado por aquilo que você preza.

Então o melhor caminho para mim era buscar a cura, o que fiz na sequência, e nessa busca algo se consolidou em meu coração: Deus havia me projetado para dar certo.

A cura exige tempo e dedicação. A sua segurança, caro leitor, não pode estar na sua aparência, na sua conta bancária, nos elogios que recebe das pessoas, no seu *status* social; deve estar plenamente e somente em Deus.

— *** —

Com certeza, você já se sentiu esquecido, marginalizado, menosprezado, como se não tivesse nenhum dom nem talento a oferecer!

Você já se sentiu escondido em um lugar onde nem todos o enxergam? Este é o lugar onde Deus cria líderes! Saiba de uma coisa: pare de ficar com raiva do seu pai ou dos seus irmãos, ou de quem quer que seja. Você precisa deles.Você precisa das pessoas que o ofendem, que o machucam, que o

IMPORTE-SE MENOS

odeiam, porque elas são o ingrediente necessário para mantê-lo humilde e maleável nas mãos de Deus!

Pare de se importar com aquele que se esqueceu de você, porque na vida você precisa dessa pessoa para se tornar um Davi: um improvável que venceu sem ser o favorito.

> Aí Jessé mandou buscá-lo. Era um belo rapaz, saudável e de olhos brilhantes. E o Senhor disse a Samuel: — É este mesmo. Unja-o. Samuel pegou o chifre cheio de azeite e ungiu Davi na frente dos seus irmãos. E o Espírito do SENHOR dominou Davi e daquele dia em diante ficou com ele. E Samuel voltou para Ramá. (1Samuel 16.12,13, NTLH)

Deus não está esperando você se limpar para ungi-lo! Ele quer demonstrar o amor dele por você. Deus não unge obras prontas! Ele unge você para que você tenha poder para finalizar a obra que ele o chamou para fazer. Ele o ungiu, pois sabe que você precisa dele!

Após a unção, Davi voltou para cuidar das ovelhas. Ele permaneceu humilde e trabalhador.

Agora que as pessoas sabem que você é ungido, não mude a sua postura. Volte a trabalhar e avance, mas com uma nova unção!

Vencer a rejeição é se importar mais com quem o escolheu do que com quem o ignorou. Um improvável precisa saber dessa verdade!

Questões para reflexão

O que ofende você?
Como você se sente em relação às ofensas?
Como Deus mostra amor a você?

Princípios improváveis

1. A rejeição é um processo natural para quem terá sucesso.

2. Você só é rejeitado por aquilo que valoriza.

3. Foque em quem escolhe você.

4. A rejeição não é o fim.

5. A dor da rejeição testa o seu coração.

6. Alguém na sua casa pode tê-lo rejeitado, mas Deus escolheu você.

7. Uma rejeição pontual não significa que o rejeitaram por completo.

Ação improvável

Não preze por tudo, pois só seremos
desprezados por aquilo que prezamos.

Capítulo 3

UM GIGANTE PARA DERRUBAR

Vença a ofensa

As ofensas não recebidas
pertencem a quem as fez.

Danicolly Damasceno

Leia com atenção o texto a seguir; fará todo o sentido quando o capítulo terminar.

Levantando-se de madrugada, Davi deixou o rebanho com outro pastor, pegou a carga e partiu, conforme Jessé lhe havia ordenado. Chegou ao acampamento na hora em que, com o grito de batalha, o exército estava saindo para suas posições de combate. Israel e os filisteus estavam se posicionando em linha de batalha, frente a frente. Davi deixou o que havia trazido com o responsável pelos suprimentos e correu para a linha de batalha para saber como estavam seus irmãos. Enquanto conversava com eles, Golias, o guerreiro filisteu de Gate, avançou e lançou seu desafio habitual; e Davi o ouviu. Quando os israelitas viram o homem, todos fugiram cheios de medo. Os israelitas diziam entre si: "Vocês viram aquele homem? Ele veio desafiar Israel. O rei dará grandes riquezas a quem o vencer. Também lhe dará sua filha em casamento e isentará de impostos em Israel a família de seu pai". Davi perguntou aos soldados que estavam ao seu lado: "O que receberá o homem que matar esse filisteu e salvar a honra de Israel? Quem é esse filisteu incircunciso para desafiar os exércitos do Deus vivo?" Repetiram a Davi o que haviam comentado e lhe disseram: "É isso que receberá o homem que matá-lo". Quando Eliabe, o irmão mais velho, ouviu Davi falando com os soldados, ficou muito irritado com ele e perguntou: "Por que você veio até aqui? Com quem deixou aquelas poucas ovelhas no deserto? Sei que você é presunçoso e que o seu coração é mau; você veio só para ver a batalha". E disse Davi: "O que fiz agora? Será que não posso nem mesmo conversar?" Ele então se virou para outro e perguntou a mesma coisa, e os homens responderam-lhe como antes. As palavras de Davi chegaram aos ouvidos de Saul, que o mandou chamar. Davi disse a Saul: "Ninguém deve ficar com o coração abatido por causa desse filisteu; teu servo irá e lutará com ele". (1Samuel 17.20-32)

É conhecido que Davi matou um gigante chamado Golias; no entanto, ele precisou vencer outro gigante antes do grande encontro com o filisteu, que foi a voz do irmão mais velho. A ofensa é o gigante emocional que sempre precede o gigante físico ou visível.

UM GIGANTE PARA DERRUBAR

Geralmente, a ofensa que tem o poder de nos jogar ao chão é aquela que vem dos que têm acesso ao nosso coração. Tenho tido a oportunidade de falar a muitos líderes e sempre os alerto de que as pessoas que possuem a chave do nosso coração são as que mais precisamos monitorar, mantendo um ajuste fino, pois, se elas decidirem lançar uma bomba, o estrago pode ser catastrófico.

Contudo, há um antídoto. No capítulo anterior, você percebeu que o profeta Samuel unge com azeite o jovem Davi. Essa ação desencadeou uma série de situações positivas, e a mais relevante é que ele seria o futuro rei de sua nação. Há algo, porém, que toda unção traz atrelado: o azeite faz uma impermeabilização no local onde é aplicado.

Entendo que não somente a cabeça de Davi recebeu o azeite, mas seu coração também. Na Bíblia, o azeite é utilizado como símbolo da presença do Espírito Santo de Deus. Em Gênesis, quando o dilúvio tinha cessado e a arca ainda navegava sobre as águas, Noé soltou uma pomba, que retornou trazendo um ramo de oliveira. Jacó, ao ter duas experiências sobrenaturais com Deus, em Betel, em ambas as vezes ergueu no local uma coluna de pedra sobre a qual derramou azeite (cf. Gênesis 8.11; 28.18; 35.14).

> **Geralmente, a ofensa que tem o poder de nos jogar ao chão é aquela que vem dos que têm acesso ao nosso coração.**

Os judeus utilizavam o azeite nos sacrifícios e também como unção divina que era misturada com perfumes raros. Usava-se, portanto, o azeite na consagração dos sacerdotes (Êxodo 29.2-23; Levítico 6.15-21), no sacrifício diário (Êxodo 29.40), na purificação dos leprosos (Levítico 14.10-18; 24-28) e no complemento do voto dos nazireus (Números 6.15).

Quando alguém apresentava uma oferta de cereal ao Senhor, tinha que ser da melhor farinha. Sobre ela se derramavam óleo e incenso (Levítico 2.1).

Pode-se afirmar que a Torá previa três tipos de ofertas de manjares que deveriam ser acompanhados com azeite e sem fermento, que eram: flor de farinha com azeite e incenso; bolos cozidos ou bolos muito finos untados com azeite; grãos de cereais tostados com azeite e incenso.

Os judeus também empregavam o azeite para friccionar o corpo depois do banho ou antes de uma ocasião festiva; no entanto, em tempo de luto ou de alguma calamidade abstinham-se de usá-lo.

O azeite também era reconhecido como medicamento entre os judeus (Isaías 1.6; Marcos 6.13; Tiago 5.14). No Evangelho de Lucas, o "bom samaritano" (10.34) unge com vinho e azeite as feridas do homem que tinha sido atacado pelos salteadores. O azeite, nas feridas, era conhecido por ajudar no processo de cicatrização.

Na cultura judaica, o azeite também indicava o sentimento de alegria, de cura e de poder.

Na minha ótica, se Davi tivesse alguma dor ou algum problema com seu irmão mais velho, no momento em que ele foi ungido com azeite, os atributos naturais e espirituais desse óleo poderoso também fizeram efeito em sua alma.

Certa vez, tivemos o privilégio de receber na nossa igreja, a Power Church, a pastora norte-americana Havilah Cunnington, da Bethel Church (de Redding, na Califórnia). Ela nos ensinou algo profundo: "Ser ofendido é inevitável; responder à ofensa é completamente controlável".

O irmão mais velho de Davi, Eliabe, obviamente se decepcionou profundamente com a atitude do profeta em ungir o irmão caçula como rei, rompendo, assim, o *modus operandi* daquela época, segundo o qual o primogênito sempre era o privilegiado. Em vez de celebrar a promoção de Davi, preferiu ofendê-lo e desprezá-lo. A propósito, lembre-se, você somente pode ser desprezado por aquilo que preza.

Talvez você sofra disso também. Depois de ler o texto a seguir, tenho uma palavra para impulsioná-lo:

> Quando Eliabe, o irmão mais velho, ouviu Davi falando com os soldados, ficou muito irritado com ele e perguntou: "Por que você veio até aqui? Com quem deixou aquelas poucas ovelhas no deserto? Sei que você é presunçoso e que o seu coração é mau; você veio só para ver a batalha". (1Samuel 17.28)

> **SER OFENDIDO É INEVITÁVEL; RESPONDER À OFENSA É COMPLETAMENTE CONTROLÁVEL.**
>
> HAVILAH CUNNINGTON

O que ele não sabia era que um coração ungido é impermeável, e, se eu não recebo a ofensa, ela pertence a quem enviou, como diz a escritora Danicolly Damasceno no livro *Dá pra ser leve.*[1]

O que esse tipo de pessoa *não sabe?*

- Eles veem alguma limitação em você e pensam que essas coisas o definem.
- Eles não sabem o que está plantado em você.
- Eles não sabem o que Deus desenvolveu em você nos lugares escondidos.
- Eles não conhecem os planos de Deus para você.
- Eles não sabem o que você está escrevendo no seu diário.
- Eles não sabem o que você tem escrito em notas no seu celular.
- Eles não sabem, mas você está acreditando tanto em Deus, mas tanto, que, se contar às pessoas, elas ficarão boquiabertas.

A atitude de Eliabe não pertence só a ele; trata-se de um espírito de inveja e de desprezo que ataca muitas pessoas ainda hoje; e essas pessoas pensam que conhecem você, mas elas não o conhecem de verdade!

Certa vez, quando eu estava no início da construção da Power Church, uma chuva de ofensas veio sobre mim e sobre a minha família. As ofensas vinham de todos os lados,

---

[1] Belo Horizonte: PWR, 2021.

de dentro da família periférica, dos "amigos", da comunidade. Eles usavam as redes sociais e os encontros nas casas para disseminarem o ódio que tinham por nós.

Contudo, em todo o tempo eu me lembrava de duas coisas: a primeira era que um profeta, o mesmo que me ungiu ao ministério episcopal, me disse: "Não faça nada; apenas avance, pois estou preparando reis e rainhas para honrar você".

A segunda era que, quando eu olhava para os meus melhores sonhos ou para a fotografia do meu futuro, não encontrava nenhuma dessas pessoas; já não havia espaço para elas na minha história. Portanto, eu não podia trazê-las novamente para a minha vida.

Deixe Deus tirar algumas pessoas da sua vida. Ele ouve conversas que você não ouve!

Uma psicóloga me falou algo que decidi praticar; daí em diante, a minha vida melhorou muito: "Dê às pessoas o direito de não gostarem de você". Isso é libertador!

Como diz o meu amigo bispo Paulo Ortêncio Filho, da Igreja da Família, em Recife: "Não se ofenda, não ofenda e não se defenda".

Talvez você nunca tenha ganhado o prêmio Voluntário do Ano da sua comunidade, mas no final do ano você ainda está lá segurando a placa de boas-vindas, com aquele colete da equipe. Você também distribui os envelopes de oferta e ainda serve água ao seu pastor, mesmo que ninguém saiba o seu nome. Eu tenho a convicção de que Deus está levantando pessoas que não precisam ser reconhecidas nem legitimadas na frente de uma multidão.

Deus procura pessoas que servem a ele quando ninguém está olhando! Se você conseguir se manter assim, em breve ele lhe dará graça para dirigir uma multidão!

Muitos se sentem marginalizados pela família por causa de circunstâncias que envolveram ofensas. No entanto, preste atenção: não existem filhos ilegítimos, apenas circunstâncias ilegítimas! Não existem vidas acidentais!

Você não pode simplesmente aparecer na terra; você precisa ser declarado na terra!

Se você nasceu e está vivo, saiba que a sua vida não é por acaso! Você tem um propósito a cumprir!

Quer a sua vida tenha sido planejada pela sua mãe quer não, quer você tenha tido pai dentro de casa quer não — você não é uma vítima; você é fruto da decisão de Deus de trazê-lo à luz para um grande propósito!

> **Não existem filhos ilegítimos, apenas circunstâncias ilegítimas! Não existem vidas acidentais!**

Talvez você tenha chegado até aqui com uma vida sem sentido, mas, a partir de hoje, fique sabendo que você foi chamado para coisas grandes! As ofensas não podem paralisar você!

Termino este capítulo com uma história que comoveu o Brasil na primavera de 2021. Uma criança chamada Bruno Nascimento, de apenas 9 anos, passou por um momento assustador na Vila Belmiro, na cidade de Santos (SP), no estádio do Santos Futebol Clube, seu time do coração.

> **VOCÊ NÃO PODE SIMPLESMENTE APARECER NA TERRA; VOCÊ PRECISA SER DECLARADO NA TERRA!**
>
> CARLOS DAMASCENO

UM GIGANTE PARA DERRUBAR

Ele foi hostilizado por torcedores do clube por pedir a camisa do goleiro do time adversário. Ao verem isso, seus ofensores ficaram irados e começaram a pressioná-lo por meio de gritos e palavras de baixo calão: "Pega o pai dele; é o de branco". Isso gerou pânico na criança e no pai, que saíram imediatamente do estádio.

A cena foi filmada pelas empresas televisivas que transmitiam o jogo, e o que aconteceu? Essa notícia correu o mundo!

Depois disso, o menino se tornou mascote do clube, conheceu todos os jogadores e ganhou presentes; recebeu vídeos de incentivo de craques como Neymar e o rei Pelé; assistiu ao jogo da seleção brasileira na primeira fileira, em um lugar de honra, e conheceu o técnico da seleção; além disso, participou de diversos programas televisivos. Se isso não bastasse, no maior *site* de busca do mundo, o Google, o nome dele aparece 128 mil vezes.

Tenho a certeza de que nenhum pai projeta esse tipo de fama para o próprio filho, mas podemos aproveitar a ofensa recebida e transformá-la em benefício para nós. Tudo é uma questão de perspectiva.

Grave isto: Os seus amigos o protegem, mas os seus ofensores o promovem!

"Ande de forma tão digna que os seus ofensores caiam em profundo descrédito", sempre diz o meu amigo e mentor JB Carvalho.

Vencer a ofensa é não se deixar paralisar com as palavras duras que são lançadas sobre você, mas confiar na unção que está sobre você.

Um improvável precisa saber disto!

Questões para reflexão

Você já foi ofendido por alguém próximo?
O que você fez com essa ofensa?
O seu coração está impermeabilizado?

Princípios improváveis

1. A ofensa pertence a quem a enviou.
2. Um coração ungido é impermeável às ofensas.
3. Quem o ofende promove você.
4. Talvez a ofensa recebida seja a sua estreia no mundo.
5. A dor da ofensa não pode superar a alegria do propósito.
6. Você foi ofendido? Perdoe rápido, não carregue lixo na alma.
7. Controle a sua resposta em relação à ofensa; você é capaz.

Ação improvável

Perdoe rápido, porque pessoas
inteligentes agem dessa forma.

Capítulo 4

APRENDA NOVAS HABILIDADES

Vença a acomodação

As pessoas de sucesso possuem as mesmas
24 horas por dia que você;
pare de reclamar e comece a agir.

Jay Samit

Você ficará abismado com os segredos de vitória contidos neste capítulo.

Leia-o todo!

Naquele dia, os benjamitas mobilizaram vinte e seis mil homens armados de espada que vieram das suas cidades, além dos setecentos melhores soldados que viviam em Gibeá. Dentre todos esses soldados havia setecentos canhotos, muito hábeis, e cada um deles podia atirar com a funda uma pedra num cabelo sem errar. (Juízes 20.15,16)

Alguns soldados ouviram o que Davi tinha dito e contaram a Saul. Então ele mandou chamar Davi. Davi chegou e disse a Saul: — Meu senhor, ninguém deve ficar com medo desse filisteu! Eu vou lutar contra ele. Mas Saul respondeu: — Você não pode lutar contra esse filisteu. Você não passa de um rapazinho, e ele tem sido soldado a vida inteira! — Meu senhor — disse Davi —, eu tomo conta das ovelhas do meu pai. Quando um leão ou um urso carrega uma ovelha, eu vou atrás dele, ataco e tomo a ovelha. Se o leão ou o urso me ataca, eu o agarro pelo pescoço e o golpeio até matá-lo. Tenho matado leões e ursos e vou fazer o mesmo com esse filisteu pagão, que desafiou o exército do Deus vivo. O SENHOR Deus me salvou dos leões e dos ursos e me salvará também desse filisteu. — Pois bem! — respondeu Saul. — Vá, e que o SENHOR Deus esteja com você! Então deu a sua própria armadura para Davi usar. Pôs um capacete de bronze na cabeça dele e lhe deu uma couraça para vestir. Davi prendeu a espada de Saul num cinto sobre a armadura e tentou andar. Mas não conseguiu porque não estava acostumado a usar essas coisas. Aí disse a Saul: — Não consigo andar com tudo isto, pois não estou acostumado. Então Davi tirou tudo. Pegou o seu bastão, escolheu cinco pedras lisas no ribeirão e pôs na sua sacola. Pegou também a sua funda e saiu para enfrentar Golias. (1Samuel 17.31-40, NTLH)

Você sabia que o rei Saul era um benjamita? Sim, ele era!

Ser um benjamita significa fazer parte da tribo de Benjamim, uma das doze tribos que faziam parte da confederação de Israel.

Como você pode ler no trecho mencionado de Juízes, os benjamitas eram muito habilidosos na arte de atirar

APRENDA NOVAS HABILIDADES

pedras usando uma funda, ou uma espécie de estilingue. Diz a história que eles poderiam acertar um fio de cabelo sem errar.

Davi é originário da tribo de Judá; segundo o texto de 1Crônicas 12.24, eles partiam para as batalhas com escudos e lanças.

> Este é o número dos soldados armados para a guerra que vieram a Davi em Hebrom para lhe entregar o reino de Saul, conforme o Senhor tinha dito: da tribo de Judá, 6.800 armados para a guerra, com escudo e lança.
> (1Crônicas 12.23,24)

Em nenhum momento, os livros ou a história dizem que os integrantes da tribo de Judá sabiam lançar pedras com fundas. Então, a pergunta que não quer calar é: "Como Davi, um jovem integrante da tribo de Judá, conseguiu derrotar um dos maiores guerreiros filisteus lançando uma pedra usando uma funda?".

É bem possível que os maiores desafios da nossa vida sejam vencidos com o uso de habilidades que desenvolvemos com outra tribo, outro grupo, outra equipe. Deus não chamou você para descobrir tudo sozinho e só fazer o que você mesmo inventar ou criar; Deus o chamou para aprender com outras pessoas!

Existe um pensamento do qual gosto muito: "Use a minha munição na sua arma".

Isso é incrível, pois muitas batalhas perdidas por nós partiram da nossa insensatez de não aplicar uma estratégia ou uma habilidade já difundida por outras pessoas.

> # USE A MINHA MUNIÇÃO NA SUA ARMA.
>
> DESCONHECIDO

APRENDA NOVAS HABILIDADES

No ano de 2011, tomei a decisão de realizar o sonho que era estudar em uma faculdade nos Estados Unidos da América. A minha formação é em direito, mas optei por cursar empreendedorismo para pequenos negócios na Babson College, em Boston. O curso era um programa para executivos brasileiros; entre os participantes, não havia nenhum advogado ou profissional do direito.

Lembro-me de que no avião fui questionado por alguns colegas a respeito de qual era a minha expectativa em relação ao curso, tendo em vista que não tinha nenhuma relação com a minha graduação. Respondi que ia com um caderno pequeno para anotar duas ou três ideias-chave que mudariam a minha vida para sempre. E foi isso que aconteceu!

O grande aprendizado desse curso foi: faça perguntas, ouça-as de verdade e resolva as dores das pessoas. Dessa forma, você será bem-sucedido em tudo o que fizer. Esta é uma grande verdade!

> **É bem possível que os maiores desafios da nossa vida sejam vencidos através de habilidades que desenvolvemos com outra tribo, outro grupo, outra equipe.**

Daquele dia em diante, apliquei esses princípios em tudo em que pus as mãos: empresas ou igrejas, no mundo do *business* ou no terceiro setor, perguntando, ouvindo e procurando soluções para os problemas.

Após o meu retorno ao Brasil, como estava no comando de uma empresa de engenharia de projetos multidisciplinares, pus em prática o que aprendi com a tribo dos empreendedores americanos e fiz uma jornada de meses ao visitar 30 grandes construtoras para perguntar quais eram as suas dores.

Finalizei a jornada com a certeza do que fazer para resolvê-las e com isso exponencializar o faturamento da nossa empresa. Dois anos depois, nós nos tornamos uma das melhores empresas de projetos do Brasil, faturando milhões de reais e conquistando a tranquilidade financeira pessoal que eu tanto buscava.

Em um *brainstorming* entre os alunos, expus um problema que havia na gestão de equipes multidisciplinares, e um colega, diretor da maior operadora de planos de saúde brasileira, me entregou a solução com base em seu *case* de sucesso. Mais uma vez, uma habilidade de outra tribo me levou a obter êxito.

No entanto, o caso mais emblemático de todo o curso foi o que passo a relatar.

O professor tutor do nosso curso, Bob Caspe, era apenas um vendedor de produtos radiológicos que percebeu a dor das pessoas que gostariam de tirar fotos sem ter que esperar alguns dias para revelá-las, para, então, perceber que toda a expectativa havia sido frustrada por filmes queimados ou poses malfeitas.

Ao perceber que o produto que ele revendia era uma grande máquina fotográfica, pensou se os japoneses, que dominavam a arte da nanotecnologia, não gostariam de reduzir o tamanho daquela máquina e torná-la uma câmera digital de fotografia portátil.

APRENDA NOVAS HABILIDADES

Bob, de forma genial, percebeu que a habilidade dos japoneses era o que tornaria realidade sua visão. Pouco tempo depois de mapear essa situação, ele partiu para o Japão e levou a ideia a duas gigantes das indústrias de filmes para câmeras fotográficas.

As duas primeiras, apaixonadas por seus próprios negócios de filmes e com uma visão míope do futuro próximo, negaram a parceria. Então, no final da década de 1990, ele procurou uma terceira empresa chamada Olympus, que acreditou na visão de futuro de Caspe, quando as câmeras analógicas seriam extintas e a digital dominaria o mercado mundial.

Moral da história: Bob, que era um engenheiro e vendedor de equipamentos radiológicos, usou a habilidade dos japoneses para se tornar um homem multimilionário. Ainda hoje, seus recursos financiam centenas de *startups* pelo mundo, e ele continua ministrando aulas de empreendedorismo na Babson.

Sobre a história da câmera digital portátil, as duas primeiras empresas que Bob procurou faliram, pois não se adequaram à evolução que lhes esperava à porta, e a Olympus aproveitou para surfar a grande onda das câmeras digitais portáteis.

Assim como nessa história, Davi teve seu nome posto em destaque porque decidiu contar com a habilidade de uma tribo diferente da sua. Claramente, deve ter sido um trabalho árduo, mas em seus dias de anonimato procurou humildemente treinar uma nova habilidade, vencendo a acomodação. A sua grande vitória pode vir através do aprendizado da habilidade de outra tribo.

> **FAÇA PERGUNTAS, OUÇA-AS DE VERDADE E RESOLVA AS DORES DAS PESSOAS.**
>
> CARLOS DAMASCENO

APRENDA NOVAS HABILIDADES

Deus tem se movido com quem se move, e a acomodação tem sido um vilão dos que não avançam. Usar técnicas e ferramentas de outras tribos é surpreender o inimigo, é mostrar que ele não sabe tudo e que grandes guerreiros também perdem quando se acomodam.

Preciso afirmar que gigantes não são tão invencíveis assim; todas as vezes que você estiver diante de um tremendo desafio, lembre-se de Davi e Golias — um conflito aparentemente desequilibrado, com condições desfavoráveis, que produziu uma história de grandeza e beleza.

Os gigantes não são o que julgamos ser; as mesmas qualidades que parecem fortalecê-los são, muitas vezes, fontes de suas fraquezas. Golias era enorme, e sabemos que toda pessoa enorme se movimenta devagar e com menos equilíbrio. Por isso, Golias sempre chamava os opositores para perto. Com seus inimigos por perto, Golias era praticamente invencível, porque sua envergadura e sua habilidade com a lança eram poderosas.

No entanto, se você quer vencer o favorito, não entre na estratégia dele; surpreenda-o! Negue as armas e as estratégias usadas por Saul.

O que me intriga nessa história toda é por que Saul não ensinou seus guerreiros a lançarem uma funda ou por que ele mesmo não fez isso.

Não basta ser de uma tribo hábil ou ter uma habilidade especial, se você não a praticar.

A prática dará a você a confiança para encarar um mau dia. A prática me permitirá ter autoridade para convencer o meu time de que sei o que estou fazendo.

Eu nasci em uma família de empreendedores. O meu avô paterno, Augusto Correia, na década de 1940, partiu de Portugal para o Brasil rumo a uma vida sem guerra. Em trinta anos, construiu um grupo de 15 empresas no ramo de derivados de petróleo. Em 1996, comecei a minha incipiente jornada no mundo dos negócios ao lado dele. Ele era um gênio dos negócios, muito hábil ao negociar e aguerrido na conquista de mercado. Tudo isso era incrível, mas a minha herança tribal não me fazia um grande homem de negócios. Tive que aprender, praticar, errar, acertar e fazer as minhas próprias conquistas para que, em 2011, me estabelecesse com excelência.

> **Preciso afirmar que gigantes não são tão invencíveis assim, todas as vezes que você estiver diante de um tremendo desafio, lembre-se de Davi e Golias.**

Os meus resultados foram tão fora do comum que, em janeiro de 2012, fui convidado para ser matéria de capa na revista *VOCÊ S/A* e pude compartilhar algumas estratégias para prosperar no mundo *business*.

Você já ouviu falar da regra das 10 mil horas?

Segundo o historiador e jornalista Malcolm Gladwell, são necessárias nada menos do que 10 mil horas de prática para sermos especialistas em uma área. Desde que li isso, fiquei encantado com a informação. Quer aprender a tocar bem violão? Então, e só estudar 10 mil horas. Quer saber

APRENDA NOVAS HABILIDADES

tudo sobre liderança? Sem problemas. Dedique-se 10 mil horas a isso. Chega até a ser engraçado.

Essa ideia ficou famosa com a publicação do artigo de Anders Ericsson, professor da Universidade do Colorado, intitulado "The Role of Deliberate Practice in the Acquisition of Expert Performance" [O papel da prática deliberada na aquisição da excelência].

Avaliando observações do estudo de crianças e de adolescentes que aprenderam a tocar violino, o psicólogo sueco concluiu que "muitas das características que acreditávamos refletir o talento natural são na verdade o resultado de uma prática intensa estendida por um mínimo de dez anos".[1]

A popularização da ideia de que levamos 10 mil horas para sermos especialistas em algo é fruto do livro de Malcolm Gladwell, *Outliers*.[2]

Embora tenha sido criticado por generalizações excessivas e por não levar em conta as potencialidades da personalidade, a genialidade e o talento, a tese de Gladwell é constantemente citada como fonte importante de que a prática leva à perfeição.

Entre outras ideias interessantes, como a de que precisamos de pessoas competentes ao nosso redor para termos sucesso profissional, a sinopse do livro de Gladwell aponta:

---

[1] Disponível em: <https://www.psicologiamsn.com/2014/11/10-mil-horas-para-ser-um-especialista.html>. Acesso em: 27 jun. 2022.

[2] Publicado em português com o título **Fora de série:** *Outliers* (Rio de Janeiro: Sextante, 2011).

SE VOCÊ QUER VENCER O FAVORITO, NÃO ENTRE NA ESTRATÉGIA DELE; SURPREENDA-O!

CARLOS DAMASCENO

APRENDA NOVAS HABILIDADES

> Outro dado surpreendente apontado pelo autor é o fato de que, para alcançar o nível de excelência em qualquer atividade e se tornar alguém altamente bem-sucedido, são necessárias nada menos do que dez mil horas de prática, o equivalente a três horas por dia, ou vinte horas por semana de treinamento durante dez anos.[3]

Apesar de existirem críticas e pouca certeza quanto ao número exato, além de não entrar na questão do que é inato ou adquirido, a ideia de que podemos nos tornar muito bons em uma área com uma prática focada — ou seja, regular e constante, devagar e sempre — é extremamente motivadora.

Digamos que você decida se dedicar por três horas todos os dias nos próximos dez anos a aprender inglês, a ser um matemático, a aprender dança de salão, a ser um *chef* de cozinha ou a pilotar aviões; dessa forma, você se tornará um especialista.

Não é incrível pensar que com um pouco de dedicação por dia você poderá ser excelente em algo que deseja ser? Enfim, o objetivo é seu! Você pode escolher ser mediano ou excelente em algo. Decida!

Talvez você pense: "Mas são dez anos! É muito tempo!".

Em todo caso, dez anos passarão de qualquer jeito. E a desculpa de que você não tem tempo não é verdade.

---

[3] Disponível em: < https://www.psicologiamsn.com/2014/11/10-mil-horas-para-ser-um-especialista.html>. Acesso em: 27 jun. 2022.

REVOLUÇÃO DOS IMPROVÁVEIS

No meu livro *Vida poderosa*,[4] escrevo um capítulo inteiro sobre o processo do tempo, e garanto a você que falta de tempo é uma desculpa; o que, na verdade, nos falta é foco.

Por isso, o que devemos fazer é imaginar o que podemos conquistar, dominar e realizar olhar para a frente e tendo o objetivo de ser especialista em algo que nos interessa. Garanto a você que é muito melhor começar hoje o caminho para se tornar especialista em algo, do que, daqui a dez anos, parar, olhar para trás e perguntar: "E se eu tivesse começado há dez anos?".

> **Talvez você pense: "Mas são dez anos! É muito tempo!".**

Davi era um pastor de ovelhas que dia após dia precisava defender suas ovelhas de predadores. A história relata que já havia matado leões e ursos, o que lhe dava a confiança necessária para usar contra Golias as ferramentas que ele havia aprendido com outra tribo.

Saul com certeza não havia praticado lançar pedras com funda, desprezando o que poderia ter dado a ele a vitória contra o gigante.

Isso lhe custou muito caro, pois, quando Davi se negou usar as roupas e os instrumentos de guerra de Saul, quando ele partiu para cima de Golias lançando apenas uma pedra que acerta em cheio a testa do gigante (o único lugar vulnerável do oponente) e quando o derrubou,

---

[4] **São Paulo: Vida, 2019.**

APRENDA NOVAS HABILIDADES

então Davi não só se lança para o sucesso como guerreiro, como também se promove publicamente para ocupar o trono.

Imagine Saul pensando e se perguntando: "Ele derrotou o gigante Golias lançando uma pedra com a funda! Mas eu sei lançar pedras com fundas; por que não fiz isso?".

A pergunta fatal "Por que não fiz tal coisa?" é a mais levantada pelos fracassados.

Pense nisto: a sua acomodação ou a sua negligência com a habilidade que você tem podem tirá-lo do lugar mais relevante no qual você está, assim como fez com o rei Saul.

> **Em todo caso, dez anos passarão de qualquer jeito.**

Portanto, não dê ao seu cérebro a oportunidade da acomodação, pois ele aceitará, como diz a "teoria da psicoadaptação", de Augusto Cury.

Uma pessoa improvável vence quando a acomodação não faz parte de sua vida e quando a habilidade aprendida com outra tribo é posta em prática.

Vencer a acomodação é não se deixar paralisar pelas palavras duras que lhe foram ditas, mas confiar na unção que está sobre você. Um improvável precisa saber disto!

Questões para reflexão

Com que frequência você se expõe a novas ideias?
Que livro você leu que não está relacionado
com a sua atividade principal?
Será que não existe ninguém melhor que
você para lhe ensinar algo novo?

Princípios improváveis

1. A habilidade vem com o treino incessante.
2. Não confie apenas no talento.
3. Desprezar a habilidade é perder a chance da vitória.
4. A pessoa normal que treina se torna um gênio.
5. O gênio que não treina é relapso.
6. Valorize a habilidade do outro e peça-lhe para ensinar você.
7. Uma habilidade bem treinada derruba gigantes.

Ação improvável

Comece a estudar algo que esteja muito
distante do que você crê ser o seu dom.

Capítulo 5

EXISTE VALOR EM SER PEQUENO

Vença a megalomania

Numa semente
está escondida uma floresta.

Myles Munroe

Respondeu Saul: "Você não tem condições de lutar contra esse filisteu; você é apenas um rapaz, e ele é um guerreiro desde a mocidade". (1Samuel 17.33)

Quem disse que ser pequeno é um demérito?

Para mim, não há coisa menor e mais poderosa do que uma semente. Como diz Myles Munroe na frase de reflexão deste capítulo: "Numa semente está escondida uma floresta".[1]

Em dias de culto à imagem, cultura de celebridade e de valor megalomaníaco à aparência, nada melhor que ser simples para se destacar. Existe uma cultura de valorizar o grande, de amar o que cresce além das formas

---

[1] **Vencendo a Crise**. Belo Horizonte: Bello Publicações, 2009.

EM DIAS DE CULTO À IMAGEM, CULTURA DE CELEBRIDADE E DE VALOR MEGALOMANÍACO À APARÊNCIA, NADA MELHOR QUE SER SIMPLES PARA SE DESTACAR.

CARLOS DAMASCENO

EXISTE VALOR EM SER PEQUENO

preestabelecidas e de prestar honra ao que já está pronto. Mas isso precisa mudar.

> Saul vestiu Davi com sua própria túnica, colocou-lhe uma armadura e lhe pôs um capacete de bronze na cabeça. Davi prendeu sua espada sobre a túnica e tentou andar, pois não estava acostumado com aquilo. E disse a Saul: "Não consigo andar com isto, pois não estou acostumado". Então tirou tudo aquilo. (1Samuel 17.38,39)

Vemos no texto em destaque que Davi é vestido com as roupas de guerra do rei Saul. Já com o traje de guerra, o jovem Davi percebe que não conseguiria andar, muito menos lutar.

Davi, então, retira a vestimenta de Saul, agradece-lhe pela tentativa e volta a ser quem era: um guerreiro simples e contundente. Todos nós conhecemos o final dessa história: Davi derruba o gigante Golias com uma pedra lançada por uma funda.

A neurose pela busca do sofisticado, do diferente e do grande tem feito que pessoas não percebam o grande valor que as coisas pequenas carregam em sua essência. Você consegue imaginar uma semente com crise de identidade por ser pequena e, então, decidir não ser enterrada, por ter sido iludida pela tirania da megalomania?

Imagine quantas florestas deixariam de existir. Imagine quantas substâncias medicinais não seriam descobertas. Só de imaginar já sou impactado.

Há poder no pequeno!

REVOLUÇÃO DOS IMPROVÁVEIS

Uma grande porta se movimenta por pequenas dobradiças; grandes aviões só podem decolar e pousar se possuírem pneus infinitamente menores que seu tamanho.

Há poder no pequeno!

Certa vez, fui exposto a uma situação muito constrangedora. O meu antigo pastor, que me liderava no Rio de Janeiro, havia sido convidado para ministrar em uma megaigreja na cidade de Belo Horizonte e me convidou para assisti-lo.

Senti-me honrado com o convite, aceitei-o e chamei um amigo para me acompanhar ao local do evento. Após a celebração, que foi incrível, fui questionado por uma pessoa por que eu não estava filiado àquela comunidade e participava de outra comunidade de fé pequena e "sem expressão" na mesma cidade.

Se você me conhece, já imagina como o meu coração ficou nessa hora. A vontade era de dar uma lição de moral no sujeito, mas, como eu estava no ambiente dele, decidi ser elegante e dizer apenas que não nasci para coisas prontas; o meu chamado é ver valor no pequeno e construir uma história começando por uma semente.

Ao sair daquela igreja, percebi claramente algo: aquele homem se achava grande pelo que ele tinha; já eu me achava grande pelo que eu era. A megalomania dele não me seduziu.

A tirania da megalomania é real, ou seja, há um *glamour* por aquilo que já cresceu e está imponentemente estabelecido, mas o que você precisa saber é que fazer a curva em um meganavio é dificílimo; tomar decisões rápidas

- 78 -

EXISTE VALOR EM SER PEQUENO

em corporações gigantes é mais difícil ainda. Quando se trata de algo pequeno, tudo fica mais simples. O que todos veem como vantagem, você precisa perceber como desvantagem.

Voltando à história de Davi e Golias, há estudos que apontam para inúmeras patologias relacionadas a Golias.

No livro *Davi e Golias: a arte de enfrentar gigantes*,[2] Malcolm Gladwell traz uma série de situações que especialistas da medicina acreditam que Golias possuía. Há uma corrente de estudos que informa que Golias sofria de uma doença chamada acromegalia, doença causada por um tumor benigno da glândula pituitária.

> **Aquele homem se achava grande pelo que ele tinha; já eu me achava grande pelo que eu era.**

Esse tumor causa uma superprodução do hormônio do crescimento humano, o que explica o tamanho extraordinário de Golias. A pessoa mais alta do mundo, o americano Robert Wadlow, sofria dessa enfermidade. Morreu aos 22 anos, medindo 2,75 metros e aparentemente continuaria crescendo.

Segundo Gladwell, um dos efeitos colaterais mais graves dessa doença são problemas graves na visão, porque o tumor cresce tanto, a ponto de comprimir os nervos ópticos; por isso, as pessoas que sofrem dessa patologia geralmente possuem visão dupla e turva.

---

[2] Rio de Janeiro: Sextante, 2014.

Você já se perguntou por que Golias foi levado para o vale com a ajuda de um auxiliar? Por que ele avançava tão devagar? Por que Golias não se abaixou ou mudou de estratégia se ele podia ver o que Davi estava vestindo e carregando em suas mãos? Davi não tinha à mão uma espada, e sim outra arma; Golias não percebeu?

A questão é que ele tinha uma aparência de vilão, mas, na verdade, era um coitado. Sua visão era um borrão e sua velocidade era pífia; por isso, sua capacidade de perceber as mudanças nas regras da luta entre os filisteus e os judeus acabou sendo aniquilada.

> Disse ele a Davi: "Por acaso sou um cão, para que você venha contra mim com pedaços de pau?". (1Samuel 17.43)

Quando olhou em direção a Davi, Golias viu pedaços de pau, mas Davi só usava um. Realmente a visão do gigante estava deturpada.

E acrescentou:

> "Venha aqui, e darei sua carne às aves do céu e aos animais do campo!" (1Samuel 17.44)

Essa fala do gigante Golias esconde ou aponta uma vulnerabilidade dele, pois a frase "Venha aqui" demonstra que ele só era forte quando estava perto do oponente; no entanto, sua intimidação por gritos e seu histórico de vitórias amedrontavam os israelitas que estavam no alto da montanha.

O que dava ao gigante sua maior vantagem também era a fonte de sua maior vulnerabilidade.

Aprenda uma lição aqui: o que parece imponente quando está se vendo de longe, possui, de perto, inúmeras rachaduras para você explorar. Os fortes e os poderosos nem sempre são o que parecem ser.

O pequeno Davi tinha uma autoimagem muito positiva, porque ele era um matador de gigantes: havia matado um urso e um leão, além de saber usar novas estratégias, como fez com Golias, que era lento, grande demais e não viu que o jogo havia virado. O pequenino deu uma invertida em seu grande inimigo. Isso é demais!

Muitos me perguntam sobre os investimentos que fazemos no departamento de crianças da Power Church, ao que respondo sempre: "Os líderes sucessores da família Power devem estar neste momento com a idade entre 5 e 10 anos; com certeza eles já nasceram, mas, como eu ainda não sei quem serão, decidimos investir poderosamente em todos, pois queremos que o próximo líder desta casa seja incrível".

> **O que dava ao gigante sua maior vantagem também era a fonte de sua maior vulnerabilidade.**

Há poder no pequeno!

Como diz a escritora Danicolly Damasceno, em *Dá pra ser leve*,[3] ser simples é reaprender a ser gente e saber que simplicidade não significa carência, mas suficiência.

---

[3] Belo Horizonte: PWR, 2021.

> O QUE PARECE IMPONENTE QUANDO ESTÁ SE VENDO DE LONGE, POSSUI, DE PERTO, INÚMERAS RACHADURAS PARA VOCÊ EXPLORAR.
>
> Carlos Damasceno

EXISTE VALOR EM SER PEQUENO

Sempre vi valor no pequeno e percebo que podemos ser muito prósperos se avançarmos por meio do pequeno. Você deve estar pensando a que me refiro quando digo "pequeno". Algumas respostas: pequeno negócio, pequena igreja, pequenos times, pequenas famílias, pequenas atitudes e pequenas decisões que nos levarão aos nossos melhores dias.

Em 2011, quando embarquei para aquele programa executivo em empreendedorismo na Babson College, em Boston, sabe qual era o nome da especialização? Especialização em "Entrepreneurship to Small Business", que, em português, se traduz por "Empreendedorismo para pequenos negócios".

Pensemos um instante: uma faculdade americana perderia tempo especializando-se e investindo em algo que não tivesse grande valor? Obviamente que não!

Nos Estados Unidos da América, há mais de 30 milhões de pequenas empresas, que correspondem a 99% dos negócios do país; logo, percebe-se que a nação mais poderosa do mundo só é poderosa porque investe e acredita no pequeno negócio. O pequeno é a matéria-prima do gigante!

Você sabia que a maioria esmagadora das coisas que fazemos ou compramos é feita ou comprada em pequenos negócios? Sabia que a maioria das pessoas no mundo trabalha e se sustenta em pequenos negócios? Pois é. Assim é o mundo! Espero que você perceba o valor do que significa ser pequeno e não se sinta desqualificado diante das batalhas apenas porque ainda não é um grande *player*.

O evangelho de Jesus é pregado e difundido em sua grande maioria nas pequenas igrejas. Atualmente, há 90% das igrejas que possuem até 100 membros, totalizando mais de 2 bilhões de membros em todo o mundo.

Isso quer dizer que, se você ainda é pequeno, levante-se e persiga os seus sonhos, ou espere ser contratado para realizar o sonho de alguém. Saia para vender, saia de casa hoje e derrube os seus gigantes. Todo grande negócio começou com a primeira venda. Não se preocupe agora com o plano de negócio em si; simplesmente comece a vender. Você não pode ser a pessoa que dificulta o seu próprio caminho de sucesso; portanto, é fundamental procurar novas perspectivas para olhar o seu futuro, encontrar novos prismas e ser como Davi: o pequeno que mata gigantes.

Ele era o menor de seus irmãos, mas enfrentou o gigante com uma funda. Quem sabe você tenha sido enganado ou machucado por líderes ou pessoas nas quais confiava. A sua energia se foi porque eles não reconheceram o seu valor ou o desprezaram. Sabe por que eles não viram você e não lhe deram valor?

Não fique triste. Certamente não foi intencional. Eles não viram você porque não podiam vê-lo, pois Deus o escondeu deles. O motivo é que Deus não quer que você precise de validações externas. Ele quer que você esteja seguro a respeito de quem ele o chamou para ser, em vez de ficar esperando que alguém lhe diga!

Você não precisa que alguém lhe ponha uma etiqueta.

Você precisa saber o que Deus chamou você para ser.

Você não precisa ser visto pelos homens.

Um improvável sempre começa pequeno e dificilmente será exposto inicialmente a algo grande e relevante. Em outras palavras, necessariamente você precisa descobrir o valor que está escondido na simplicidade.

Questões para reflexão

Você se acha pequeno?

Você paralisou por causa do seu tamanho?

Será que a história de Davi não
pode acontecer com você?

Princípios improváveis

1. Fuja da megalomania.
2. Dentro de uma semente há uma floresta.
3. Ser pequeno não é ser pouco; é ser suficiente.
4. O pequeno movimenta o mundo.
5. A sua riqueza está escondida no pequeno.
6. Pequenos são velozes e mudam rapidamente de estratégia.
7. A qualidade do gigante é também a sua vulnerabilidade.

Ação improvável

Pare de dar desculpas e dê o seu melhor!

Capítulo 6

UMA CHANCE APENAS

Vença o "multifoco"

Foque naquilo em que
você é bom e delegue o resto.

Steve Jobs

Tirando uma pedra de seu alforje, arremessou-a com a atiradeira e atingiu o filisteu na testa, de tal modo que ela ficou encravada, e ele caiu, dando com o rosto no chão. Assim Davi venceu o filisteu com uma atiradeira e uma pedra; sem espada na mão, derrubou o filisteu e o matou. (1Samuel 17.49,50)

O título deste capítulo é intencionalmente provocativo, pois ele nos alerta para o fato de termos apenas uma chance para vencer.

Trata-se de uma verdade absoluta? Claro que não!

É possível que todos tenhamos mais oportunidades para estabelecer uma vitória na vida. Contudo, quero chamar a sua atenção para o fato de que, mesmo sabendo que teremos, em tese, outra oportunidade, não devemos contar com ela. Entende?

Contar com uma nova chance é dar a você a opção de errar na primeira oportunidade que aparecer, pois você está contando com a possível chance que virá. Por isso, esteja pronto para uma oportunidade apenas. Diga a você mesmo: "Eu não tenho outra oportunidade; agora é a hora de agarrá-la e torná-la real na minha vida".

Os improváveis não podem se dar ao luxo de contar com outra chance e manter uma vida multifocal. Eles não têm tempo, dinheiro, recursos nem *network* para isso. Se existe algo do qual tenho a certeza que dará errado é quando um improvável assume uma posição multifocal.

Davi não podia perder aquela batalha, uma vez que já estava correndo risco demais ao enfrentar seus irmãos e tinha a confiança do rei para defender seu povo. Logo, ele precisava encontrar um ponto no corpo de Golias para ser certeiro.

Imagine se Davi não fosse especialista em lançar pedras com o uso de uma funda. Imagine se ele não tivesse a confiança extrema de que era um exímio atirador de pedras. Imagine se ele desse a si mesmo a opção de escolher entre as várias armas que ele dominasse. Naquele momento, a dúvida se instalaria em sua mente, mas, como ele era especialista em funda, a decisão foi imediata, e ele partiu para cima do gigante.

Na luta contra o nosso maior gigante, não podemos ser bons: temos que ser especialistas. Não seja um generalista, porque isso seria caminhar para uma vida mediana.

Desde que assumi a função de bispo de uma igreja e líder de uma comunidade, entendi claramente que não deveria mais estar no dia a dia dos meus negócios, pois, ou seria um ótimo empresário e um péssimo pastor, ou seria um ótimo pastor e um péssimo empresário. Falo do ponto de vista de alguém como eu, que é improvável, não um gênio. A propósito, até o dia de hoje conheci pouquíssimos gênios.

Algo que sempre foi o meu foco como diretor--executivo, ou CEO, era descobrir novos líderes dentro do meu negócio, porque eu sabia que atrair apenas funcionários que cumprissem suas tarefas e se despedissem ao fim de um dia de trabalho sem paixão ou que não tivessem visão de futuro somente faria a minha empresa inchar. No entanto, se eu encontrasse um líder ou gerasse um, a minha empresa se multiplicaria.

> **Na luta contra o nosso maior gigante, não podemos ser bons: temos que ser especialistas.**
> **Não seja um generalista, porque isso seria caminhar para uma vida mediana.**

E foi o que aconteceu. Hoje tenho alguns negócios e não atuo em nenhum deles como diretor. No maior deles, fui diretor por mais de dez anos, mas hoje, o meu cunhado, Rafael Barcelar, é o CEO e sócio da nossa empresa de engenharia multidisciplinar.

Atuo da mesma forma na liderança e na gestão da Power Church. Temos um axioma que repetimos tempo todo: "Aqui na Power cada membro é um líder". O que quero dizer com tal afirmação? Quero que todos entendam que,

> OS IMPROVÁVEIS
> NÃO PODEM SE DAR
> AO LUXO DE CONTAR
> COM OUTRA CHANCE
> E MANTER UMA
> VIDA MULTIFOCAL.
>
> CARLOS DAMASCENO

se atrairmos seguidores, a nossa igreja crescerá, mas, se formarmos líderes, a nossa igreja se multiplicará.

Tudo isso é possível pelo fato de ter me especializado e focado na arte de liderar, pois só temos a competência de transmitir o que somos.

Em *Metanoia, a chave está em sua mente*,[1] JB Carvalho diz que são necessários 21 dias para a transformação pessoal e que existem duas atitudes na vida. A primeira é realizar; a segunda, é dar desculpas. Ele nos instiga a fazer uma escolha honesta entre ambas, pois as duas não podem caminhar juntas.

Vencer a atitude multifocal é optar pelo risco de dar certo em uma única coisa. Continuar a viver com essa perspectiva é manter o terreno das desculpas bem cuidado, embora o resultado seja o fracasso.

> **"Aqui na Power cada membro é um líder".**

No modelo de vida atual, tudo coopera para que as pessoas saiam do foco e percam seu propósito. O nome disso é distração. Quantas vezes você estava pronto para fazer algo importante quando decidiu dar uma olhada rápida na sua rede social e ficou entretido nela por um longo tempo?

A psicologia considera esta geração como aquela que faz tudo e não faz nada. São polivalentes, *multiperformance*, multitarefas, mas, na verdade, não conseguem fazer nada

---

[1] Brasília: Chara, 2018.

com excelência. Nenhum de nós nasceu para vagar nesta terra; todos nós temos um propósito. O problema é que a maioria das pessoas não possui foco.

Foco não é somente dizer sim ao que devemos fazer, mas saber dizer não a todas as outras coisas boas que aparecem no meio do nosso caminho. Conversando em um delicioso jantar com o *coach* e escritor *best-seller* Tiago Brunet, ele me disse: "Nós só conseguirmos ser bons em uma coisa". Tenha foco e você obterá grandes resultados.

Ter foco é algo tão importante que, se uma folha estiver parada no chão e o sol estiver a pino nesse ambiente, nada acontecerá; se alguém, porém, colocar uma lupa que lance os raios do sol para a mesma folha poderá ocorrer um grande incêndio.

O nosso foco está continuamente lutando contra distrações, tanto internas quanto externas. A questão é: qual é o custo de ser multifocal?

Já parou para pensar em quanto você pode ter perdido ao se distrair em meio a uma palestra? E em uma reunião? Durante a leitura deste livro? Você pode ter chegado ao sexto capítulo e não ter aprendido nada dos capítulos anteriores.

Se você não se lembrar de nenhum princípio referente aos capítulos antecedentes, sugiro que volte ao início e recomece.

Mude um pouco a forma de ler este livro. Tente da seguinte maneira: leia com atenção, fale em voz alta as frases em destaque, escreva em um caderno os pensamentos, conte a alguém esse ensino e depois ensine aos mais novos o que você aprendeu. Tenho certeza de que você jamais se esquecerá destes princípios.

É muito interessante pensar que a riqueza de informações que há disponível hoje na sociedade tem gerado pessoas com deficiência de atenção.

Sempre me intrigou a postura de alguns homens de sucesso, tais como Bill Gates, Mark Zuckerberg, Steve Jobs, que sempre se vestem com o mesmo tipo de roupa. Aliás, certo dia, assistindo eu a uma entrevista, alguém perguntou sobre a questão da roupa que usava, e um deles respondeu: "Não uso a mesma roupa; na verdade eu tenho várias roupas iguais. A questão é que o meu foco está em outro propósito e não posso perder tempo escolhendo uma simples roupa".

Isso é incrível! Isso quer dizer chegar ao ápice de alguém que venceu a visão multifocal. Acredite: até os gênios são focados. Entenda este princípio.

Voltando ao início, creio que está claro que, para vencermos sem sermos os favoritos, não podemos perder tempo com distrações.

Ter o desenvolvimento da atenção multifocal só diferencia uma pessoa no que diz respeito ao cérebro, segundo Maria da Soledade Rolim, psicóloga e doutora em Neuropsiquiatria e Ciências do Comportamento: "Em linhas gerais, essas pessoas possuem maiores níveis de ativação funcional das áreas pré-frontal do cérebro (área dorso--lateral do córtex pré-frontal) e possuem mais facilidade

> **FOCO NÃO É SOMENTE DIZER SIM AO QUE DEVEMOS FAZER, MAS SABER DIZER NÃO A TODAS AS OUTRAS COISAS BOAS QUE APARECEM.**
>
> CARLOS DAMASCENO

UMA CHANCE APENAS

para a realização simultânea de atividades que demandem foco e cognição",[2] explica.

Ou seja, ter o *desenvolvimento da multifocalidade* não significa que uma pessoa tem um cérebro mais desenvolvido ou algum tipo de vantagem específica.

Quando a visão multifocal é exercitada e alguém a domina, "o cérebro apresentou uma neuroplasticidade específica e conseguiu se adaptar às exigências de realizar várias atividades ao mesmo tempo".[3] Não significa, portanto, que essa pessoa seja especialista ou excelente em tudo que faz!

O meu compromisso é com a excelência, não com o resultado medíocre, ou mediano, de alguém que desempenha várias atividades.

A expressão "ter foco" significa ter um objetivo, estabelecer um planejamento, ter disciplina e persistência para atingir metas e alcançar o que se pretende. O foco é constituído por planejamento, disciplina e continuidade.

É muito importante saber dizer não a muitas coisas — até mesmo para os seus melhores amigos e às coisas boas — quando é preciso estar alinhado e focado nas suas estratégias, quer pessoais quer profissionais.

A possibilidade de estarmos conectados o tempo todo com *smartphones* e *tablets* tem nos deixado mais dispersos. Todos esses recursos reduzem a nossa capacidade de concentração. Na grande maioria das vezes, a falta de

---

[2] Disponível em: <https://www.ung.br/noticias/voce-sabe-o-que-e-atencao-multifocal-e-como-desenvolve-la>. Acesso em: 27 jun. 2022.

[3] Disponível em: <https://www.ung.br/noticias/voce-sabe-o-que-e-atencao-multifocal-e-como-desenvolve-la>. Acesso em: 27 jun. 2022.

REVOLUÇÃO DOS IMPROVÁVEIS

autocontrole, de sensibilidade e de força de vontade são causadas por uma atenção deficiente.

Daniel Goleman, um dos grandes escritores sobre o tema, afirma que existem três tipos de foco.[4] O primeiro é o foco interno. Esse tipo de atenção nos permite entender — e controlar — os nossos sentimentos e as nossas emoções. O segundo é o foco nos outros, que é o que nos faz ouvir o que as outras pessoas dizem e a capacidade de se pôr no lugar do outro, compreendendo o que estão sentindo. O terceiro tipo de foco é a atenção que devemos dar ao que acontece à nossa volta e como as nossas atitudes impactam o restante do mundo.

> **Ou seja, ter o desenvolvimento da multifocalidade não significa que uma pessoa tem um cérebro mais desenvolvido ou algum tipo de vantagem específica.**

Cada um de nós tem uma infinidade de razões para perder a concentração. Goleman divide as distrações em dois tipos: sensorial e emocional. A primeira diz respeito a sons, sabores, cheiros e sensações que nos roubam a atenção enquanto fazemos algo. A segunda, a distração emocional, é aquela que vem de dentro de nós, tal como os sentimentos.

É importante treinarmos a nossa consciência para perceber os momentos em que perdemos a concentração.

---

[4] GOLEMAN, Daniel. **Foco: A atenção e seu papel fundamental para o sucesso.** Rio de Janeiro: Objetiva, 2013.

UMA CHANCE APENAS

Isso está diretamente relacionado com o autoconhecimento. Muitos de nós somente nos damos conta de que não estamos concentrados no que deveríamos passados minutos ou horas de distração. Quanto mais tempo a nossa mente perde durante uma atividade que exige concentração, mais difícil é retornar ao que estava sendo feito.

O exercício para combater a fuga de atenção é simples: assim que perceber que o foco foi perdido, traga-o de volta, independentemente de quantas vezes forem necessárias para recomeçar. Faça isso até concluir a atividade. A atenção equivale a um músculo mental que podemos fortalecer por meio de exercícios como este. Quanto mais for exercitado, mais forte ficará.

O treinamento é importante para toda e qualquer situação em que precisamos mudar algo. Na verdade, é muito mais fácil ter concentração quando fazemos um trabalho que consideramos estimulante e que atrai a nossa atenção.

Um estudo conduzido pelas universidades Harvard e Stanford constatou que na maior parte do tempo os profissionais estão estressados ou entediados. Apenas 20% das pessoas analisadas demonstraram momentos de satisfação plena no trabalho. O restante costuma passar tempo demais na internet ou pensando em outras coisas que não estão relacionadas com as tarefas que precisam ser feitas. Ou seja, 80% das pessoas têm grande parte de sua produtividade diminuída e estão suscetíveis à perda de foco.

As pessoas que gostam do que fazem têm mais facilidade para manter a atenção. O ideal seria aproximar ao máximo o trabalho de algo que proporcione prazer. Como nem

> **O MEU COMPROMISSO É COM A EXCELÊNCIA, NÃO COM O RESULTADO MEDÍOCRE.**
>
> Carlos Damasceno

sempre isso é possível manter a motivação e encontrar um propósito para o que se faz pode ser uma saída para evitar o tédio e a consequente falta de atenção.

Segundo Goleman, para ter foco, é preciso perdê-lo por algum tempo — de vez em quando. Há uma técnica para o gerenciamento do tempo que se chama Técnica Pomodoro. Ela sugere que a pessoa utilize um *timer* para que, a cada 40 minutos, deixe o que está fazendo e utilize entre 5 e 10 minutos para fazer algo que "descanse" a mente, por exemplo, tomar um café, contemplar uma paisagem, conversar com alguém, fazer um alongamento, ou algo que a tire do raciocínio anterior. Depois desse período, volte à atividade anterior. Dessa forma, a pessoa trabalhará 40 minutos e descansará 10 minutos. Essa técnica ajuda a manter o foco por muito mais tempo durante o dia.

A vida corrida e desenfreada que vivemos hoje é um chamado para uma atitude multifocal; no entanto, a decisão de aceitar essa vida é nossa.

Responda: Em que você se tornou enquanto estava multifocado?

Finalizo este capítulo mostrando o resultado do foco de Davi:

> Os israelitas diziam entre si: "Vocês viram aquele homem? Ele veio desafiar Israel. O rei dará grandes riquezas a quem o vencer. Também lhe dará sua filha em casamento e isentará de impostos em Israel a família de seu pai". (1Samuel 17.25)

REVOLUÇÃO DOS IMPROVÁVEIS

Diante dessa recompensa, penso ser interessante me desfazer de uma vida multifocal.

Um improvável vence sem ser o favorito quando elimina essa perspectiva descentralizada.

Questões para reflexão

Você se vê como alguém multifocado?

Mencione a sua maior especialidade.

Qual é a dificuldade em focar nela?

Princípios improváveis

1. A visão multifocal é derrota.

2. Foco é vida.

3. Eu vou para onde estou focado.

4. O foco me diferencia dos demais.

5. Um foco de luz ilumina a escuridão.

6. Tenha foco ou tenha desculpas.

7. Focar é dizer não a coisas boas. Nem tudo o que é bom é bom para mim.

Ação improvável

Corra o risco de contar a todos que você se especializou em algo.

Capítulo 7

ABANDONE AS DESCULPAS

Vença o status quo

Pessoas boas em arranjar
desculpas raramente são boas
em qualquer outra coisa.

Benjamin Franklin

Então perguntou a Jessé: "Estes são todos os filhos que você tem?" Jessé respondeu: "Ainda tenho o caçula, mas ele está cuidando das ovelhas". Samuel disse: "Traga-o aqui; não nos sentaremos para comer enquanto ele não chegar". (1Samuel 16.11)

Davi foi preparado ou planejado para ser pastor de ovelhas, mas não rei. Tanto é que seu próprio pai nem sequer o convida para o encontro com o profeta Samuel. Para que convidar alguém que não tem estirpe ou vocação para algo grande? Não havia lógica nesse convite; o que eles não sabiam, porém, era o que Davi fazia enquanto trabalhava como simples pastor de ovelhas.

> **PESSOAS BOAS EM ARRANJAR DESCULPAS RARAMENTE SÃO BOAS EM QUALQUER OUTRA COISA.**
>
> Benjamin Franklin

ABANDONE AS DESCULPAS

Na descrição deste capítulo uso como subtema a expressão "Vença o *status quo*". Você sabe o que isso significa? Explicarei a seguir.

Status quo é uma expressão proveniente do latim que significa "o estado das coisas". Ela também pode ser escrita sem o "s" (*statu quo*), mudando apenas o começo da frase: "no estado das coisas".

A expressão surgiu por volta de 1700 como forma reduzida da frase "*in statu quo [res erant] ante bellum*", que pode ser traduzida por "[n]o estado em que as coisas estavam antes da guerra".[1]

Depois, a expressão começou a ser usada simplesmente para se referir ao estado atual das coisas. Por isso, geralmente é usada em frases como "mudar o *status quo*", "defender o *status quo*" ou "desafiar o *status quo*".

Quando a expressão *status quo* pode ser usada?

Apesar de ter surgido em um contexto de guerra, a expressão *status quo* pode ser usada em diversas situações. Por exemplo, se você trabalha em uma empresa que está parada no tempo, pode levar as pessoas a "mudar o *status quo*" e inovar.

Ou seja, é possível usar essa expressão em qualquer situação que trate de manter, desafiar, defender ou considerar o estado atual de alguma coisa, seja em uma empresa, seja com relação a um mercado ou a uma ideia.

---

[1] Baseado em: **Status quo: o que é e qual eu significado?** Disponível em: <https://www.remessaonline.com.br/blog/status-quo/>. Acesso em: 27 jun. 2022.

Considerando o exemplo de Davi, você precisa se mover para além do *status quo* em que se encontra ou no qual foi posto. Antes de falar sobre isso, uma pergunta: Quem pode definir o nosso *status quo*? A nossa família, por exemplo, pode definir o *status quo*, quando diz que em casa sempre agimos de determinado jeito e, por isso, nunca mudaremos.

A sua condição financeira também pode definir o seu *status quo*, quando lhe impõe um teto, dizendo que daí você não passa.

O seu país de origem também poder ser um definidor de *status quo*, quando se cria um estigma para os cidadãos a ponto de se tornar um limitador para a expansão.

Inúmeras são as formas em que o *status quo* pode se definir na nossa vida, mas a chave não é saber onde estamos, e sim em quem estamos nos tornando e para onde iremos.

Talvez você se sinta um tanto preocupado por ter identificado alguns *status quo* na sua vida e percebido que o seu avanço está bloqueado exatamente por isso. Preciso dizer algo a você:

Mova-se, pois carro parado não faz manobra.

Você não é o resultado da sua hereditariedade; isso é apenas um fator que age sobre você. Em outras palavras, o fracasso dos seus familiares não precisa ser o seu modelo. Saia da inércia da hereditariedade e se reinvente.

Esperar que as coisas mudem naturalmente não o fará chegar ao êxito. Davi estava em uma posição de obediência a seu pai e pastoreava suas ovelhas no campo.

ABANDONE AS DESCULPAS

Mas, enquanto todos achavam que ele estava lá se sujando no cuidado com as ovelhas, ele estava, de fato, desenvolvendo novas habilidades.

Tenho certeza de que Davi era um tremendo curioso. Curioso no sentido de aprender, avançar e receber novos conhecimentos por meio de outras pessoas além de sua própria família. Como tratamos nos capítulos 1 e 4 deste livro, ele estava construindo sua marca e aprendendo novas habilidades para o dia mais importante de sua existência, o dia em que surgiria a oportunidade de sua vida.

A curiosidade ultrapassa todas as competências. Há pessoas competentes que não são curiosas e, em pouco tempo, ficarão para trás.

Enquanto Davi trabalhava no campo e era obediente, a bênção o aguardava, mesmo que pudesse parecer tarde demais. Jessé chama Davi, e Davi provavelmente diz: "Sim, senhor; aqui estou". O pai responderia: "Entra, porque tem uma pessoa aqui para ver você: o profeta Samuel".

> **Tenho certeza de que Davi era um tremendo curioso. Curioso no sentido de aprender, avançar e receber novos conhecimentos por meio de outras pessoas além de sua própria família.**

A obediência de Davi levou-o até o profeta que destravaria seu futuro. Vencer o *status quo* não é ser desobediente nem rebelde, mas aprender coisas novas e buscar capacitação ao mesmo tempo em que se obedece.

A CURIOSIDADE ULTRAPASSA TODAS AS COMPETÊNCIAS.

CARLOS DAMASCENO

ABANDONE AS DESCULPAS

Imagine o que passava na cabeça de Jessé; ele devia pensar: "Esse profeta está doido, rapidinho vai cair em si. Logo que Davi entrar, ele verá que errou em chamar o pastorzinho de ovelhas". Davi entra e diz: "Olá! Eu sou o improvável, o oitavo filho". Você sabia que o número 8 aponta para novos começos?

Deus estava começando algo novo na vida de Davi. Ele pode começar uma nova história na sua vida agora. Decida sair do *status quo* em que você se encontra.

O filho número 8 estava na roça; nem o seu próprio pai o via como uma possibilidade, mas o que é oculto aos homens é revelado por Deus.

Na primavera de 2016, nasceu a comunidade Power Church, que tenho a honra de liderar. Éramos 40 pessoas destemidas e apaixonadas por Jesus. Todas tinham uma história de fé e algumas frustrações. Deus havia nos dado uma visão e nela caminhamos; muitos nos desprezavam, nos atacavam e declaravam que não passaríamos do segundo ano de existência. Foi duro e pesado, mas tínhamos tomado uma decisão: não viveríamos segundo o *status quo* que nos oprimia.

Hoje, em 2022, cinco anos e meio após o nascimento dessa linda família espiritual, somos conhecidos, relevantes e celebrados. Muitos que nos veem hoje pensam que surgimos do nada. Na verdade, somos os mesmos! No entanto, agora Deus nos levantou por cima dos tapumes. Antes éramos uma obra em fundação; agora somos um edifício sendo erguido para além de nós mesmos.

REVOLUÇÃO DOS IMPROVÁVEIS

Chegou a hora de você demonstrar não somente a sua base, mas a sua revelação, ou seja, o que Deus tem dito a você em segredo e que está prestes a vir à tona. Veja, as pessoas ainda não sabem como aceitar você, pois elas sabem que existe algo diferente em você. Este é o motivo de haver muitas pessoas próximas a você e outras simplesmente que não o suportam; e as que não o suportam fazem isso porque não podem controlar você!

Elas dizem algo como: "Sabe, eu não gosto dele; não gosto dela". "Por quê?" "Não sei, tem alguma coisa nele!" Essa *alguma coisa* é o Espírito Santo que o impulsionou para fora do *status quo* que outros estabeleceram para você. Este é o motivo de eles não gostarem de você!

Você tem aí dentro algo que diz: "Eu estive no campo, onde ninguém me via; eu adorava no escuro; orava em dias com a chuva sobre a minha cabeça. Eu não sou aquele que vai à igreja somente aos domingos; sou alguém que fala com Deus na segunda-feira à tarde, na quinta à noite; que fecha a porta do meu quarto e sabe que o Pai está lá ouvindo. Em todos os momentos eu adoro o meu Deus. Sou tal poeta que escreve canções novas para o meu Pai que está no céu".

Eu sou o camisa 8. Não importa onde eu estiver, ali farei um altar para o meu Deus. Este era o grito de Davi. Enquanto era desprezado pela família, ele estava gerando um relacionamento mais próximo com Deus.

Eu vim aqui para revelar os que são número 8: os desprezados e os improváveis. É disto que trata este livro;

uma revolução que tem início com aqueles que ninguém valoriza.

Em geral, superestimamos os alvos de curto prazo e subestimamos os alvos de longo prazo; enquanto você estiver no campo cuidando das ovelhas do seu pai, em obediência, aproveite para estabelecer alvos incríveis para o seu futuro.

Nasci em uma família abastada de imigrantes portugueses que se radicaram na cidade do Rio de Janeiro. Desde os 14 anos, estou envolvido nos negócios da família e, de uma forma ou outra, trabalho para a perpetuação disso.

Por onde eu passava as pessoas diziam: "Lá vai o herdeiro, o 'gasolina' (nossos negócios eram no ramo de derivados de petróleo), o patrãozinho". Isso era algo que me enchia o peito de orgulho e, quanto mais eu crescia, mais queria me envolver com os negócios.

Aos 18 anos, comecei a ter uma visão mais global da realidade e percebi que nem tudo eram flores. Mapeei a vida emocional, social, espiritual e financeira dos integrantes da família e encontrei inúmeras situações que eu não gostaria de absorver, tais como: a prática de tomar bebidas alcoólicas sem moderação, o uso de cigarros e cachimbos, casamentos desfeitos, adultérios, mentiras, brigas sem fim etc.

Notei que este era o meu *status quo* e eu não o queria para mim. Enquanto trabalhava nos negócios em obediência, fui construindo paralelamente outra história em segredo com Deus e fui sendo formado educacionalmente

EM GERAL, SUPERESTIMAMOS OS ALVOS DE CURTO PRAZO E SUBESTIMAMOS OS ALVOS DE LONGO PRAZO.

CARLOS DAMASCENO

ABANDONE AS DESCULPAS

para quando chegasse o meu dia, a minha oportunidade. Grave isto: a maturidade consiste em conversar com os seus recursos.

Isso aconteceu em 2005, quando tomei a decisão de deixar os negócios da família e migrar toda a minha vida para a cidade de Belo Horizonte, juntamente com a minha esposa.

Sabe qual é o grande problema do *status quo*? É que ele se parece com um lugar fétido: no início você reclama, mas, depois de algum tempo, você se acostuma.

Moral da história: hoje nenhum dos meus negócios e missões está relacionado com a herança da minha família. Para quem ainda não sabia o motivo de eu ser um militante contra bebida alcoólica, cigarros e adultério, aí está a resposta.

Talvez você pense ser impossível mudar o seu *status quo*. Comece sonhando com a pessoa na qual você quer se tornar; em seguida, busque um mentor — alguém que já chegou lá para lhe ensinar o caminho. A mentoria existe para acelerar o outro. Todo mentor sabe que o que ele não compartilha acaba se perdendo.

Você é um contêiner; portanto, aumente a sua própria capacidade e absorva todo o possível para avançar na mudança da sua situação atual. Por último, pare de ser a pessoa que fica bloqueando o seu próprio caminho.

Um improvável vence o favorito quando se revolta contra o *status quo* que lhe foi imposto!

Questões para reflexão

Você já mapeou o seu *status quo*
familiar, financeiro e social?

Já pensou em mudá-lo?

O que você tem aprendido enquanto não muda?

Princípios improváveis

1. Você não é o resultado da sua hereditariedade.
2. O *status quo* é um piso, não um teto.
3. A curiosidade ultrapassa competências.
4. Aplique paixão na mudança de *status*.
5. Enquanto obedece, busque ser capacitado.
6. As desculpas não podem estar na boca de um improvável.
7. Busque um mentor para ajudá-lo a mudar o *status quo*.

Ação improvável

A mudança do *status quo* é uma atitude
que deve ser tomada agora mesmo.

Capítulo 8

VIVA FORA DO PADRÃO

Vença o modus operandi

Há um tempo em que precisamos abandonar as roupas usadas que já têm o formato do nosso corpo e nos esquecer dos caminhos que nos levam sempre aos mesmos lugares.

Fernando Teixeira

Saul vestiu Davi com sua própria túnica, colocou-lhe uma armadura e lhe pôs um capacete de bronze na cabeça. Davi prendeu sua espada sobre a túnica e tentou andar, pois não estava acostumado com aquilo. E disse a Saul: "Não consigo andar com isto, pois não estou acostumado". Então tirou tudo aquilo. (1Samuel 17.38,39)

Davi recebeu a armadura de Saul porque era este o padrão para guerrear, mas decidiu não usar a armadura de Saul nem seguir o padrão e matou o gigante com uma funda e algumas pedras na mão. Em outras palavras, Davi nos ensina a avançar com armas novas e estratégias nunca usadas!

REVOLUÇÃO DOS IMPROVÁVEIS

Andar sempre no padrão faz de você a pessoa mais certinha que o mundo pode ver, mas isso nunca o tornará em uma das pessoas mais admiradas que conhecemos. Davi não tinha compromisso algum com o *modus operandi* de Saul, pois ele havia sido forjado no campo, lutando contra ursos e leões; o mentor dele era a sua intuição — nada mais.

O que significa exatamente *modus operandi*?

Modus operandi é uma expressão latina que significa, traduzida literalmente, "modo de operação".

Essa expressão determina a maneira de uma pessoa trabalhar ou agir, ou seja, suas rotinas e seus processos de realizar algo.

O *modus operandi* é bastante usado para caracterizar o perfil das empresas e dos profissionais. O uso da expressão *modus operandi* em uma instituição, por exemplo, significa designar a maneira segundo a qual tal entidade realiza suas funções.

No âmbito jurídico, o *modus operandi* é aplicado, por exemplo, para identificar o perfil dos criminosos, principalmente no que diz respeito aos assassinos em série. Em muitos casos, o grupo de investigação policial consegue identificar e deter os criminosos por meio da análise do *modus operandi* que os assassinos em série possuem. Todos os seres vivos, em particular o ser humano, têm um modo de operação em diferentes graus: alguns mais organizados e metódicos do que outros.

O *modus operandi*, no entanto, costuma aparecer como sinônimo de *modus vivendi* ("modo de viver"). E aqui precisamos fazer uma diferenciação, pois há pessoas que

VIVA FORA DO PADRÃO

dizem que vivem pela fé, mas suas atitudes são totalmente cartesianas.

Ao escrever sobre isso, acabo de me lembrar de quando era executivo na área *consumer* de uma companhia de telefonia móvel italiana, e percebi que as minhas metas subiam cada vez mais. Fui até o meu chefe e perguntei o motivo daquela subida agressiva nas metas a alcançar. Ele me informou que eu estava indo muito bem na empresa e por isso acreditava que eu suportaria metas mais altas.

Indignado, voltei para o meu *desktop* e comecei a pensar sobre o que fazer para vender mais. Analisando o método padrão de vendas da empresa, vi que a grande missão da companhia era levar o cliente até a nossa loja, que estava em todos os *shoppings* da cidade e na região metropolitana. No entanto, percebi que já estávamos investindo milhões de reais nessa estratégia, e os números não aumentavam.

Certo dia, conversando com uma funcionária da minha residência, perguntei por qual motivo ela não adquiria um aparelho novo, especialmente da empresa em que eu trabalhava. Ela foi categórica em dizer que não tinha tempo para ir ao *shopping,* nessas lojas chiques, porque trabalhava de segunda a sábado e só lhe restava o domingo para o descanso.

Toda dor esconde um negócio!

Dei um sorriso sem graça e fui trabalhar. No caminho até a sede da empresa, surgiu a ideia: "Não vale a pena investir mais recursos em propaganda para as pessoas irem até a loja; a chave é a loja ir aonde estão as pessoas".

Então, o nosso time desenvolveu uma estratégia inédita no Brasil de colocar tendas móveis nas principais

TODA DOR ESCONDE UM NEGÓCIO!

CARLOS DAMASCENO

comunidades carentes da cidade e da região. Analisamos o perfil dos possíveis compradores e oferecíamos um aparelho gratuito se a pessoa adquirisse um plano pós-pago conosco.

O resultado disso foi a venda de milhares de linhas telefônicas, que, durante um ano, nos fez campeões de vendas. A cada semana recebíamos executivos de outros estados que queriam aprender a nossa nova estratégia de vendas na telefonia celular. Um ano depois, fui convidado a assumir um posto na concorrência, recebendo o dobro do meu salário.

Tudo o que vivemos foi possível pelo fato de termos infringido a lógica, o *modus operandi*, da mecânica comercial da empresa. A mudança de *modus operandi*, quando feita com êxito, sempre trará resultados mais do que positivos ao corajoso que a executou.

> O resultado disso foi a venda de milhares de linhas telefônicas, que, durante um ano, nos fez campeões de vendas.

Davi, o guerreiro improvável, vence o gigante com uma funda, sem espada, sem armadura, sem capacete, todos eles objetos do *modus operandi* de Saul.

Há uma analogia muito boa da criança, em relação a seu aprendizado e seu crescimento, que podemos usar na vida. Podemos aprender três coisas com uma criança: ela fica contente sem nenhum motivo especial; não fica ociosa nem por um instante; quando precisa de algo, exige-o vigorosamente.

REVOLUÇÃO DOS IMPROVÁVEIS

É com esse espírito de criança que devemos viver. As perguntas são bem típicas das crianças, verdade? A minha promoção e o meu sucesso na jornada pela telefonia celular começaram com uma simples pergunta; depois de ouvir a resposta, solucionei a questão.

Volte a ter uma alma de criança, pois a vida é muito breve! Seja mais ousado.

Você só será lembrado pelos problemas que solucionou. Portanto, aja!

Ninguém pode deter o avanço de um solucionador de problemas. Encare a realidade ou o problema e pense em uma solução.

Um improvável vence sem ser favorito quando é capaz de romper o *modus operandi* que o rodeia.

Questões para reflexão

Você está inserido em um ambiente engessado?

Você se sente feliz?

Que tal você propor uma nova forma de fazer as coisas?

Princípios improváveis

1. Avance com armas novas e estratégias nunca usadas.

2. Volte a ter uma alma de criança.

3. Um improvável vence sem ser favorito quando é capaz de romper o *modus operandi* que o rodeia.

4. Infrinja a lógica, o *modus operandi*, da mecânica comercial da empresa, da entidade ou da corporação da qual você faz parte.

5. Seja como Davi: crie o seu próprio *modus operandi*.

6. Aprenda a ficar contente sem nenhum motivo especial e a não ficar ocioso nem por um instante, tal qual uma criança.

Ação improvável

Seja a primeira mudança do *modus operandi*;
faça algo de um jeito diferente!

Capítulo 9

OUVIDOS FECHADOS

Vença a bajulação

Todo bajulador é perigoso, pois é igual
ao carvão: apagado te suja, aceso te queima.

Desconhecido

Quando os soldados voltavam para casa, depois que Davi matou o filisteu, as mulheres saíram de todas as cidades de Israel ao encontro do rei Saul com cânticos e danças, com tamborins, com músicas alegres e instrumentos de três cordas. As mulheres dançavam e cantavam: "Saul matou milhares; Davi, dezenas de milhares". Saul ficou muito irritado com esse refrão e, aborrecido, disse: "Atribuíram a Davi dezenas de milhares, mas a mim apenas milhares. O que mais lhe falta senão o reino?" Daí em diante Saul olhava com inveja para Davi. (1Samuel 18.6-9)

Atenção: quanto mais bem-sucedido você for, mais cego você pode ficar!

O sucesso de uma vitória pode nos cegar, pois é uma faca de dois gumes: ele nos auxilia na autoestima positiva, mas também pode nos levar a arrogância destrutiva.

> **ATENÇÃO: QUANTO MAIS BEM-SUCEDIDO VOCÊ FOR, MAIS CEGO PODE FICAR!**
>
> CARLOS DAMASCENO

OUVIDOS FECHADOS

Quem adula seu próximo está armando uma rede para os pés dele. (Provérbios 29.5)

A bajulação leva você para lugares isolados e, em pouco tempo, você perderá um dos seus maiores ativos, que é se relacionar com pessoas iguais ou mais importantes que você. Se existe algo que acontece frequentemente com quem se encanta pelas palavras doces dos bajuladores é relacionar-se somente com pessoas sobre as quais se tem autoridade ou que lhe são totalmente submissas. Isso é um perigo.

Um improvável precisa receber *feedbacks* o tempo todo para se manter alinhado com os fatores relevância e propósito. Somente quem está ao nosso lado, ou é superior a nós, pode dar um conselho ou orientação sem medo de perder algum benefício ou acesso.

Quem fere por amor mostra lealdade, mas o inimigo multiplica beijos. (Provérbios 27.6)

Ouvir e se aliar somente com pessoas que pensam como nós é uma armadilha para o crescimento. Crescer é pensar. Como é possível pensar se não sou exposto ao novo, a um argumento diferente do meu, e se não celebro o diferente?

Todos nós sabemos como funciona o pensamento no nosso cérebro; o princípio é simples: em todo o seu cérebro há uma coleção de sinapses (responsáveis por transmitir as informações de uma célula a outra) separadas por espaços vazios chamados "fendas sinápticas".

- 125 -

Sempre que você tem um pensamento, uma sinapse dispara, através da fenda, uma reação química para outra sinapse, construindo, assim, uma ponte pela qual um sinal elétrico pode atravessar, carregando a informação relevante do seu pensamento durante a descarga.

Sempre que essa descarga elétrica é acionada, as sinapses se aproximam mais, a fim de diminuir a distância que a descarga elétrica precisa percorrer. O cérebro, então, refará seus próprios circuitos, alterando-se fisicamente para permitir que as sinapses adequadas compartilhem a reação química, tornando mais fácil a propagação de um novo pensamento.

> **Ouvir e se aliar somente com pessoas que pensam como nós é uma armadilha para o crescimento. Crescer é pensar.**

Além disso, a compreensão desse processo inclui a ideia de que as ligações elétricas mais utilizadas pelo cérebro se tornarão mais curtas; portanto, escolhidas mais frequentemente pelo cérebro. Isso explica como a personalidade é alterada.

No entanto, como pessoas conscientes, temos o poder de modificar esse processo simplesmente ao nos tornarmos conscientes de como o jogo universal da dualidade atua quando surgem os pensamentos. Temos o poder de escolher criar pensamentos conscientes de amor e harmonia, garantindo, assim, que o cérebro e a personalidade sejam positivamente alterados.

OUVIDOS FECHADOS

A empatia, a admiração pelo diferente e o crescimento são gerados pela exposição do nosso pensamento a novas situações, por isso receber palavras bajuladoras e concordantes conosco inicialmente nos dará algum alívio, mas, em pouco tempo, se mostrará maléfico para o nosso desenvolvimento.

Assim, quando alguém derrama um caminhão de palavras bajuladoras em cima de você, tenha certeza de que você está sendo afetado bioquimicamente, diminuindo as suas chances de amadurecer. A exposição a esse tipo de catarse emocional realmente provoca um entorpecimento paralisador. Já sabemos que se deixar entorpecer é uma insensatez. Portanto, bajulação e aplausos em demasia podem contribuir seriamente para o seu atrofiamento precoce.

> A empatia, a admiração pelo diferente e o crescimento são gerados pela exposição do nosso pensamento a novas situações.

Você sabia que, depois de vencer inúmeras batalhas e receber incontáveis aplausos, a personagem principal deste livro, Davi, se perde em sua arrogância e comete uma série de erros gravíssimos? Ele chegou a ponto de enviar um de seus guerreiros para ser morto na pior linha de frente de uma batalha.

Leia com atenção esta história.

Na primavera, época em que os reis saíam para a guerra, Davi enviou para a batalha Joabe com seus oficiais e todo o exército de Israel; e eles derrotaram os amonitas e cercaram Rabá. Mas Davi permaneceu em Jerusalém. Uma tarde Davi levantou-se da cama e foi passear pelo terraço do palácio. Do terraço viu uma mulher muito bonita, tomando banho, e mandou alguém procurar saber quem era. Disseram-lhe: "É Bate-Seba, filha de Eliã e mulher de Urias, o hitita". Davi mandou que a trouxessem e se deitou com ela, que havia acabado de se purificar da impureza da sua menstruação. Depois, voltou para casa. A mulher engravidou e mandou um recado a Davi, dizendo que estava grávida. Em face disso, Davi mandou esta mensagem a Joabe: "Envie-me Urias, o hitita". E Joabe o enviou. Quando Urias chegou, Davi perguntou-lhe como estavam Joabe e os soldados e como estava indo a guerra; e lhe disse: "Vá descansar um pouco em sua casa". Urias saiu do palácio e logo lhe foi mandado um presente da parte do rei. Mas Urias dormiu na entrada do palácio, onde dormiam os guardas de seu senhor, e não foi para casa. Quando informaram a Davi que Urias não tinha ido para casa, ele lhe perguntou: "Depois da viagem que você fez, por que não foi para casa?" Urias respondeu: "A arca e os homens de Israel e de Judá repousam em tendas; o meu senhor Joabe e os seus soldados estão acampados ao ar livre. Como poderia eu ir para casa para comer, beber e deitar-me com minha mulher? Juro por teu nome e por tua vida que não farei uma coisa dessas!" Então Davi lhe disse: "Fique aqui mais um dia; amanhã eu o mandarei de volta". Urias ficou em Jerusalém, mas no dia seguinte Davi o convidou para comer e beber e o embriagou. À tarde, porém,

OUVIDOS FECHADOS

Urias saiu para dormir em sua esteira, onde os guardas de seu senhor dormiam, e não foi para casa. De manhã, Davi enviou uma carta a Joabe por meio de Urias. Nela escreveu: "Ponha Urias na linha de frente e deixe-o onde o combate estiver mais violento, para que seja ferido e morra". Como Joabe tinha cercado a cidade, colocou Urias no lugar onde sabia que os inimigos eram mais fortes. Quando os homens da cidade saíram e lutaram contra Joabe, alguns dos oficiais da guarda de Davi morreram, e morreu também Urias, o hitita. Joabe enviou a Davi um relatório completo da batalha, dando a seguinte instrução ao mensageiro: "Ao acabar de apresentar ao rei este relatório, pode ser que o rei fique muito indignado e lhe pergunte: 'Por que vocês se aproximaram tanto da cidade para combater? Não sabiam que eles atirariam flechas da muralha? Em Tebes, quem matou Abimeleque, filho de Jerubesete? Não foi uma mulher que da muralha atirou-lhe uma pedra de moinho, e ele morreu? Por que vocês se aproximaram tanto da muralha?' Se ele perguntar isso, diga-lhe: E morreu também o teu servo Urias, o hitita". O mensageiro partiu e, ao chegar, contou a Davi tudo o que Joabe lhe havia mandado falar, dizendo: "Eles nos sobrepujaram e saíram contra nós em campo aberto, mas nós os fizemos retroceder para a porta da cidade. Então os flecheiros atiraram do alto da muralha contra os teus servos e mataram alguns deles. E morreu também o teu servo Urias, o hitita". Davi mandou o mensageiro dizer a Joabe: "Não fique preocupado com isso, pois a espada não escolhe a quem devorar. Reforce o ataque à cidade até destruí-la". E ainda insistiu

> com o mensageiro que encorajasse Joabe. Quando a
> mulher de Urias soube que o seu marido havia morrido,
> chorou por ele. Passado o luto, Davi mandou que a
> trouxessem para o palácio; ela se tornou sua mulher
> e teve um filho dele. Mas o que Davi fez desagradou
> ao SENHOR. (2Samuel 11.1-27)

Ser um improvável que vence não isenta você de se perder em meio ao poder inebriador da bajulação.

O texto começa dizendo que os reis saíram para guerra no período da primavera, mas Davi, no alto de seu sono arrogante, acorda tarde e fica onde não deveria estar, no terraço de seu palácio. Essa atitude não era o que se esperava de um rei de sua envergadura. Mas como aconselhar um homem cheio de si? É bem provável que Davi tivesse se deixado levar pelos elogios e pela bajulação de seu êxito ao longo dos anos.

Ouvir elogios demais o leva aos terraços da vida, ou seja, a lugares nos quais você vê o que não devia ou é seduzido por determinadas situações.

Nesse terraço, o rei Davi seduz uma mulher casada. Se existe algo pior na vida do que se meter com uma mulher casada, eu ainda não ouvi falar.

Veja o que os textos bíblicos alertam a respeito dessa atitude tola:

> Não cobiçarás a casa do teu próximo. Não cobiçarás
> a mulher do teu próximo, nem seus servos ou servas,
> nem seu boi ou jumento, nem coisa alguma que lhe
> pertença. (Êxodo 20.17)

OUVIDOS FECHADOS

Não te deitarás com a mulher do teu próximo, para que não te tornes impuro com ela. (Levítico 18.20, KJA 1999)

Pode alguém andar sobre brasas sem queimar os próprios pés? Assim acontece com quem se deita com mulher alheia; ninguém que a toque. (Provérbios 6.28,29; KJA 1999)

Abominável é ao SENHOR todo arrogante de coração; é evidente que não ficará sem a devida punição. (Provérbios 16.5, KJA 1999)

Este tema pode ser explorado por um livro inteiro, mas creio que o exposto até aqui já tenha despertado você do sono da bajulação, pois suas consequências podem ser devastadoras, como acabamos de ver na vida de Davi.

A busca pela aceitação não pode fazê-lo enveredar pelo caminho falido do elogio sem fim.

Termino este capítulo com a seguinte verdade: o problema da maioria das pessoas poderosas é que elas preferem ser arruinadas pelos elogios a serem salvas pelas críticas.

Um improvável vence sem ser o favorito quando fecha os ouvidos para a bajulação.

Questões para reflexão

Como você se sente ao ser elogiado?

Você faz algo bem só para receber elogio?

Que tal se expor a uma correção?

Princípios improváveis

1. O bajulador não é seu amigo; ele só é amigo dele mesmo.

2. Ouvidos fechados ao bajulador e coração aberto ao corretor.

3. Muito elogio entorpece.

4. Tenha amigos que confrontem você.

5. Submeta-se a alguém de valor que possa corrigi-lo.

6. Entregue toda a sua glória a Deus, porque ele sabe lidar com isso.

7. Seja salvo pela correção.

Ação improvável

Pergunte a uma pessoa relevante, e que não esteja submissa a você, o que ela pensa sobre as suas atitudes.

Capítulo 10

O BONITO É SER VOCÊ

Vença a falta de identidade

A maior crise do mundo é
falta de identidade.

Mark Twain

Então perguntou a Jessé: "Estes são todos os filhos que você tem?" Jessé respondeu: "Ainda tenho o caçula, mas ele está cuidando das ovelhas". Samuel disse: "Traga-o aqui; não nos sentaremos para comer enquanto ele não chegar". Jessé mandou chamá-lo, e ele veio. Ele era ruivo, de belos olhos e boa aparência. Então o SENHOR disse a Samuel: "É este! Levante-se e unja-o". Samuel apanhou o chifre cheio de óleo e o ungiu na presença de seus irmãos, e, a partir daquele dia, o Espírito do SENHOR apoderou-se de Davi. E Samuel voltou para Ramá. (1Samuel 16.11-13)

Quando você descobre quem você é, nunca mais vai querer ser outra pessoa!

Seja você!

Lembro-me de que, em 2006, ao chegar à sede de uma corporação em que trabalhava, o ambiente estava todo

QUANDO VOCÊ DESCOBRE QUEM VOCÊ É, NUNCA MAIS VAI QUERER SER OUTRA PESSOA!

CARLOS DAMASCENO

positivado com a sigla SVM. Logo aquilo se tornou o assunto mais comentado pela empresa. O que era a tal da SVM?

Isso perdurou por dias, e a curiosidade só aumentava, será que era algo relacionado a metas? Seria uma nova nomenclatura para o nosso negócio? A sigla de alguma norma internacional que teremos que usar? Vocês podem imaginar o que essas três letras causaram no ambiente interno da empresa.

Em um belo dia, somos convidados por *e-mail* para um evento no auditório principal da sede e, ao chegar lá, a equipe de recursos humanos começa a expor uma nova campanha de *endomarketing* da companhia. Objetivo: que as pessoas fossem elas mesmas. Motivo: grandes coisas estavam dentro de nós e deveríamos colocá-las para fora.

Como afirma Dirce Carvalho em seu livro *Ouse governar*,[1] "o bonito é ser você!".

A sigla SVM nada mais é do que *Seja Você Mesmo*.

Uau, isso foi incrível! A equipe de recursos humanos acertou em cheio.

Exatamente um ano após a campanha SVM, conseguimos alcançar a liderança no nosso setor de atuação. Ser nós mesmos dá certo!

Davi, no texto de abertura deste capítulo, apresenta-se ao profeta como ele era, pastor de ovelhas, ruivo, de belos olhos e boa aparência, mas sem se produzir. O texto não diz que ele cheirava bem — óbvio —, porque ninguém que está

---

[1] Brasília: Chara, 2021.

no campo cuidando de animais poderia ter um perfume agradável.

O interessante é que o autor descreve as características de Davi nessa situação específica, o que me leva a refletir que tudo em mim tem um sentido. Nada pode ser desprezado.

Depois de vê-lo, o profeta ouviu a voz de Deus, que dizia: "Unja-o!".

Você percebeu que o texto diz que Deus manda o profeta se levantar? É isso mesmo que você pensou: nem o profeta aguentava mais cometer tantos erros; ele já não esperava encontrar alguém impressionante a seus olhos. Mas, quando Davi surge, Deus lhe diz que se levante.

Quando nos apresentamos como somos, sem negar a nossa identidade, sem nos fantasiar, sem fingir ter determinada personalidade, as pessoas se levantarão para nos celebrar. O maior presente que você dará a Deus e ao mundo é ser você mesmo.

Deus não pode abençoar quem você finge ser. Ele não pode ungir uma personagem. Ele unge pessoas reais, que trabalham, que se sujam, que matam ursos e leões, mas que não perdem a própria identidade.

Ninguém imaginava que alguém que estava por trás das ovelhas malhadas seria o futuro rei de Israel. Como alguém tão irrelevante aos olhos dos homens poderia se tornar rei? Quem não perde a identidade tem mais chance de ser um rei nesta terra!

O BONITO É SER VOCÊ

O público em geral está à espera de um bonitão, com ginga, malhado, cheio de dinheiro e de facilidades, que apareça e ocupe o lugar de destaque. No entanto, Deus quer outra coisa. Ele deseja um tremendo improvável, escondido em uma família desconhecida, para sussurrar em seu ouvido, dizendo: "Eu escolho você!".

É por isso que ele abre uma porta aqui, outra porta ali, mais outra porta, e o põe de cara com um leão para você matar; depois um urso, e você o mata também. Você não entende nada, mas continua com cheiro e estigma de um simples pastor de ovelhas!

No entanto, Davi, sim, sabia quem ele era, onde fora formado, com quem ele falava todos os dias e a quem ele adorava enquanto o melhor dia de sua vida não surgia. Ele sabia que era o número 8 de seu pai terreno, e isso era o que o diferenciava.

> **Deus não pode abençoar quem você finge ser. Ele não pode ungir uma personagem.**

Os números 8 são ungidos ainda que estejam sujos, para que tenham unção e poeira misturados! Isso é o que os faz relevantes em uma comunidade: porque passam a ter unção, mas sem perder a poeira com a qual as pessoas podem se conectar e dizer: "Isso também pode acontecer comigo!".

Acabou a fase de olhar por cima das pessoas e dizer: "Eu sou o ungido!". Agora é a fase de as pessoas verem a sua unção, mas saberem que você passou pelo que elas passam, que você chorou e já se lamentou pelo que elas choram e se lamentam.

Os números 8 podem dizer: "Eu nem sempre fui ungido; vou lhe mostrar as minhas cicatrizes, os meus defeitos; mostrar onde eu falhei para você não cometer os mesmos erros!".

Hoje pode ser o último dia em que você andará sem a unção que o promove, desde que assuma a sua identidade, porque é ela que o define!

Um improvável precisa saber que ser ele mesmo é o seu maior diferencial.

Questões para reflexão

Você se acha bonito?

A sua identidade é clara?

Você celebra quem é?

Princípios improváveis

1. Sem identidade você não é ninguém.
2. Celebre a sua identidade.
3. O espelho é seu amigo.
4. Você não é a imagem que os outros pintam sobre você.
5. Encontre em Deus a sua identidade, porque foi ele que o criou.
6. Não despreze a sua história: quem tem história tem lastro.
7. Abrace quem celebra o seu eu perfeito.

Ação improvável

Escreva em um *post* a sua história e
expresse a sua identidade a todos!

CONCLUSÃO

Eu amo histórias de gente que era subestimada e venceu!

O meu pai saiu de casa quando eu era pequeno e nem sequer me lembro de alguma atividade dele comigo em nossa casa. Não sei o que é ter um homem/pai dentro de casa. Muitas vezes cheguei a me questionar: "Será que sou homem? Será que terei outra orientação sexual?".

Passei por situações horríveis, tentações e agressões insuportáveis, e não tive o meu pai para me defender nem me orientar.

A minha mãe me contou que um dia ele disse: "Não vou levar esse menino para a minha religião. Leve-o para a sua". Mesmo decepcionada com Deus, pois o seu casamento com o homem da sua vida havia ido por água abaixo, a minha mãe decidiu me levar para a igreja presbiteriana. Ali me apresentaram Jesus! E isso mudou tudo!

Não era para eu estar aqui escrevendo este livro, ser empreendedor ou ser bispo de uma igreja; em tese, era para eu ser ator. Mas uma proposta megaindecorosa, que transportou do lugar onde eu estava para meus dias de criança dentro de uma igreja, me foi feita, e eu disse não! Eu não quero essa vida para mim!

Eu não vim de nenhuma linhagem de sucesso, e a minha história familiar é tão falida como empresas que quebraram, mas o meu futuro não tem nada a ver com a história da minha família terrena — o meu futuro está vinculado à minha linhagem do céu!

Sou capaz de reconhecer um novo grau se aproximando, pois, todo novo nível é precedido por quebrantamento, paixão, humildade e fome. Não tenho dúvida de que, ao chegar ao final deste livro, você está deste jeito!

O som que estou ouvindo agora não é o som do orgulho, do muito bom, do talento, mas de uma voz que diz:

"Deus, se o Senhor não vier, eu não quero ir."

"Se o Senhor não der uma saída, eu estou perdido."

"Deus, se o Senhor não falar ao meu casamento, eu vou terminar tudo."

"Deus, se o Senhor não enviar recursos, eu não terei o suficiente."

Estes são os improváveis!

Todo improvável precisa depender sempre de Deus.

Você não acabou de ler um livro; na verdade, você acaba de abrir as cortinas do espetáculo que está para começar, cujo ator principal é você.

Deus o apresenta ao mundo: chegou a hora de você ser visto! Chegou a volta de 180 graus de Deus à sua vida!

O que estava escondido está prestes a ser revelado. Você está prestes a deixar de ser anônimo para ser uma pessoa necessária. Prestes a ir deixar de ouvir: "Qual é o seu nome?" para ouvir: "Estamos esperando por você".

O anonimato não foi a falta de valorização de Deus com relação a você; foi a forma usada por ele para fazer você se desenvolver!

CONCLUSÃO

O mundo está à espera de ver tudo o que foi gerado em você enquanto você estava em segredo no anonimato. Abra-se para esta oportunidade!

> Considero que os nossos sofrimentos atuais não podem ser comparados com a glória que em nós será revelada. A natureza criada aguarda, com grande expectativa, que os filhos de Deus sejam revelados. (Romanos 8.18,19)

Bem-vindo aos dias de vencer sem ser o favorito!
Nós nos encontraremos em breve!

Esta obra foi composta em *Minion Pro*
e impressa por Promove Artes Gráficas sobre papel
Pólen Natural 80 g/m^2 para Editora Vida.